鉄道路線に
翻弄される地域社会

「あの計画」はどうなったのか?

鐵坊主

ワニブックス
PLUS新書

はじめに

日本の広範にわたる鉄道網は、近代社会の発展とともに歩み続け、地域社会に多大な影響を与えてきた。都市圏の通勤通学輸送や新幹線に代表される都市間輸送など、現代の日本経済を支えるインフラとして重要な役割を担っている。片や、地方ローカル線では著しい利用者の減少によりその存在が問われる局面を迎えている。

北海道新幹線や北陸新幹線の延伸計画、リニア中央新幹線の建設はその経済的・社会的影響が非常に大きく、その開業によってどのような影響がもたらされるかに関しては多くの注目が集まっている。旅客流動の拡大が見込まれる一方で、計画の進展が遅れることによって地域の発展に支障が出る可能性も否定できない。また、新幹線開業に伴う並行在来線の問題、駅が設置される自治体とそうでない自治体での格差、新幹線の巨額の建設費負担や環境への懸念など、新幹線建設の功罪が表面化している。

都市部では、首都圏や関西圏における地下鉄の新線、延伸部の建設など、移動をより円滑にするための様々な計画が進行中であり、利用者にとって利便性が向上する反面、京葉線快速の廃止問題といった都心部での経済格差も新たな課題として浮かび上がってきている。

少子高齢化や人口減少、高速道路網の拡張と車中心のコミュニティ形成といった問題は、地方路線の経営を圧迫しており、地方自治体では、これらにどう対処していくべきかが問われている。国鉄時代には利用者の少ない路線では廃線、バスへの転換が進められてきたが、バスドライバーの不足が大きな課題となっている昨今、鉄道・バスに関わらず、公共交通の維持が困難となっている。

一方で、インバウンド観光が再び活気を取り戻し、東京や京都といった有名観光地だけではなく、地方都市への訪問も増加しつつある中、地方部における鉄道の果たす役割も無視できない。こうした変化も踏まえつつ、鉄道網の再構築・長期的な維持が有効な解決策となるのかも考察すべきだろう。

そして、激甚化する災害に対し、日本の多くの鉄道路線はあまりに脆弱である。毎年のように、どこかの路線が長期不通に追い込まれており、そのまま廃線に追い込まれるようなケースも見られる。こうした気候変動に対し、鉄道を長期的に維持する方策の検討も欠かせない。

このように日本の鉄道は重大な岐路にさしかかっており、沿線自治体にとっても、その将来を大きく左右するものと言えるだろう。

本書では新幹線の延伸や在来線の再整備、地方鉄道の存続問題など、それぞれの地域で進行する鉄道関連の課題を丁寧に分析し、鉄道が地域社会に及ぼす影響について読者に理解を深めてもらうことを目指している。

鉄道を単なる移動手段と考えるか、地域の発展を支える重要なインフラという観点で捉えるのか。本書を通じて、読者の皆様が鉄道という視点から地域社会の現状や未来を考えるきっかけを得られることを期待している。

目次

第2章 関東・東海……75

第1章 北海道・東北

フル規格新幹線が初めて在来線を走る？　函館への新幹線乗り入れ計画の実現性とは

函館市が検討している新函館北斗駅から函館駅への新幹線乗り入れ調査の結果が公表された。フル規格新幹線、ミニ新幹線双方が想定されているこの調査結果を読み解いていこう。

●函館市が新幹線乗り入れを検討している理由

北海道新幹線は現在札幌駅への延伸工事が行われているが、札幌への最短ルートを取っているため、半島の先端に位置する函館市には立ち寄らず、その北側に位置する北斗市にある新函館北斗駅が函館市の最寄駅となっていることはご承知のことかと思う。

函館市の玄関口である函館駅と新函館北斗駅はシャトル列車である快速はこだてライナーで連絡しているが、新函館北斗駅の乗り換えが必要であり、また、はこだてライナーは通勤用の在来線車両が運用されているため、新幹線で函館へアクセスする乗客に十分な設備を提供する車両とは言い難い。また、北海道新幹線が札幌まで開通すると、現在札幌と函館を結んでいる特急北斗も廃止され、やはり新函館北斗駅での乗り換えを強いられる。

こうした問題を解決すべく、2023年に就任した大泉函館市長は北海道新幹線の函館駅乗り入れの調査を開始したのである。

●事業費は160億円前後から可能

2024年3月、この調査の結果が公表され、次ページの表のように、事業費は157億円から169億円と試算された。

この調査結果で特筆すべき点は、ミニ新幹線だけではなく、フル規格新幹線車両の乗り入れが想定されていることである。山形・秋田新幹線のように、元々在来線だった線路を新幹線の線路幅である標準軌1435㎜に改軌し、一回り小さな車両で運行されるミニ新幹線という前例はあるが、フル規格新幹線車両が在来線に乗り入れる前例はなく、新幹線の新たな可能性を提示するものとして非常に興味深い。

函館駅乗り入れにかかる事業費(試算)

	ケース1 函館〜 札幌直通のみ		ケース2 東京〜函館直通 函館〜札幌直通		ケース3 東京〜函館 (分割・併合) 函館〜札幌直通	
	フル 10両	ミニ 10両	フル 10両	ミニ 10両	フル7両 + フル3両	フル7両 + ミニ3両
整備費 (億円)	164	161	169	166	161	157

そして、この事業費は最も高いケースでも169億円であり、kmあたり約9億4400万円となる。1997年開業の秋田新幹線では事業費は656億円、kmあたり約5億1500万円であったことを考えると、30年近く前の建設でも、kmあたりの事業費は函館乗り入れの半額以上であり、近年のインフレを考えるとkmあたり9億4400万円というのは、かなりリーズナブルと言って良いだろう。

函館駅新幹線乗り入れに際しては、在来線車両が走る狭軌1067mmに、新幹線車両が走る標準軌に合わせるためのレールをもう1本設置する三線軌条が想定されており、このもう1本のレールを敷設するだけのスペースが確保できること。トンネルや長大な橋梁がなく、工事が比較的シンプルであること。新幹線が停車する五稜郭駅と函館駅に新幹線専用ホームを設置するスペースがあることなど、新幹線が乗り入れるために大きな工事を行う必要がなく、その恵まれた環境が比較的低廉な事業費の試算を裏付けるものとなっている。

さらに新幹線乗り入れによる函館市の経済効果は年間114億円から141億円と試算されており、その効果の大きさも相まって、大泉市長が函館駅への新幹線乗り入れ実現可能と判断したのもうなずける。

●列車の運用・車両のコスト・費用負担の問題

その一方で、この調査結果には、東北・北海道新幹線で運用実績がない、フル規格新幹線7両編成や、フル規格またはミニ新幹線の3両編成が分割・併合パターンで想定されている。また、分割・併合を行う場合、函館発着の列車は新函館北斗駅からスイッチバックして函館駅に向かう関係上、東京側に連結する必要があるが、現在東北・北海道新幹線に併結されて運行されている山形新幹線、秋田新幹線では、それぞれ山形・秋田側に連結されており、函館乗り入れの新幹線とは連結面が逆となる。こうした既存運行との違いは運用の煩雑さを生むため、ＪＲ東日本・ＪＲ北海道が受け入れられない可能性が高い。

次に事業費はかなり現実的なものではあるが、この費用には車両のコストが一切含まれていない。過去の山形・秋田といったミニ新幹線建設の事例を見ても、開業時に投入された車両は第三セクターが保有し、ＪＲ東日本に貸与しており、運行会社であるＪＲ東日本の初期費用を抑えることで、その実現にこぎつけている。

北海道新幹線函館駅乗り入れに関しては、フルかミニかという車両のサイズに関係なく、在来線への新幹線乗り入れであり、ミニ新幹線建設と変わりはない。しかも、新函館北斗駅から函館駅の区間については、北海道新幹線開業時、ＪＲ北海道から経営分離され、第三セクターとなる。さらに、今回の乗り入れは函館市の構想であることを考えると、函館市が最大株主となる第三セクターが車両コストを一定負担すると考えるのが自然だが、その車両のコストを上乗せすると事業費が大きく跳ね上がる。

また、収支予測とそれに関する運行主体についても課題がある。こちらは先程の事業費の３つのケースにおける収支予測だが、上下分離にした場合、運行主体（上）である

函館駅へ乗り入れした場合の収支（単位：百万円）

	線路使用料	ケース1 函館〜札幌 直通	ケース2 東京〜函館 直通 函館〜札幌 直通	ケース3 東京〜函館 分割 函館〜札幌 直通
上下分離（運行主体：JR北海道） 上：JR北海道、下：第三セクター	あり*1	-235	-399	-27
	なし	184	223	375
上下分離（営業主体：三セク）上：JR北海道、下：第三セクター	あり	123	165	116
	なし*2	-234	-361	-251
上下一体（運行も第三セクター）	*3	-40	-123	199

ＪＲ北海道が、営業主体（下）である第三セクターに線路使用料を支払う場合（表の＊１）、年間２７００万円～３億９９００万円の赤字となる。一方の営業主体である第三セクターは運行主体のＪＲ北海道から線路使用料を受け取らない場合（＊２）、年間２億３４００万円から３億６１００万円の赤字となり、ＪＲ北海道に対し、線路使用料を減免しないとＪＲ北海道が収益を出せない構造となっている。

運行も含め全てを第三セクターで行う場合（＊３）、ケース３で年間１億９９００万円の黒字となるが、第三セクターには新幹線運行のノウハウがなく、あまり現実的とは言えない。

このように事業化のハードルはかなり高いが、２０２４年9月、函館市は車両費用をJR北海道に求めないこと、ケース2（東京～札幌・函館直通、分割併合なし）のフル規格車両の運用のみとして、より現実的な構想へと軌道修正を図った。

しかし、この構想は前例のないフル規格新幹線の在来線乗り入れであることから、事業費負担のスキームがなく、JR北海道も建設には否定的な見解を示している。函館市は道内経済全体への波及効果を示すなど、建設の機運醸成を図る必要があるだろう。

北海道新幹線札幌延伸の遅れがもたらす大きな影響

現在建設中の北海道新幹線、新函館北斗駅から札幌駅の区間だが、トンネル工事の難航や建設費の上振れにより、工事が遅れている。まだ、正式な発表はないが、現状を見る限り、当初予定の２０３０年度末の開業は難しいと思われる。この遅れがもたらす影響について考えてみたい。

●元々は2035年開業だった北海道新幹線札幌延伸

遅れが指摘されている延伸区間の工事だが、元々の開業時期は2035年度とされていた。

これが2015年の政府・与党申し合わせにて、

「整備新幹線は（中略）国民経済の発展、国民生活領域の拡大、地域の振興に資するものであり、その開業効果をできる限り早期に発揮させることが国民経済上重要である」

「北海道新幹線（新函館北斗－札幌間）（中略）は、完成・開業までに長期間を要することとされているが、あらかじめ予定されていた事業費の範囲内で早期かつ集中的な投資を行うことで、その開業効果を早期に発揮させることは、国民経済上大きな意義を持つことから、沿線地方公共団体の最大限の取組を前提に、完成・開業時期の前倒しを図る」

とされたことで、開業時期が2030年度末に前倒しされた経緯がある。そして、このスケジュールを前提としてJR北海道の中長期計画が策定されているのだが、その根幹となるのが北海道新幹線札幌開業と、それに伴う札幌駅周辺の再開発であり、それが遅れるとなれば、当然のことながらJR北海道の経営に大きな影響を及ぼすことになる。

●痛かった！　札幌冬季五輪招致停止

JR北海道は直接的な影響はないとしているが、札幌冬季五輪開催の有無は大きな影響があったと考えるのが自然だろう。五輪のような国民的なイベントであれば、その開催に合わせ、周辺インフラの整備が急ピッチで進むのは、長野冬季五輪の際の北陸新幹線（当時は便宜的に「長野新幹線」と呼ばれた）開業という前例もある。

こうした国家レベルのイベントであれば、建設費の高騰や人手不足といった問題に対しても、国からも様々なバックアップがあり、その局面を何としても乗り切ることが求められただろう。その結果として、北海道新幹線札幌開業は予定通り2030年度末までに完了し、ＪＲ北海道は五輪特需をも得て、営業面で大きなメリットがあったと考えられる。北海道新幹線札幌開業の期限は失われ、トンネル建設の遅れもあり、新たな開業時期は見通せない状態だ。

●北海道新幹線札幌開業延期でＪＲ北海道の収支は悪化

現在、北海道新幹線は新青森駅から新函館北斗駅の部分開業となっているが、その営業成績は芳しいものではなく、２０２３年度では営業損益が約１１７億円の赤字となっている。コロナ禍前の２０１９年度でも約93億円の赤字と、コロナ禍により赤字幅が拡大しているものの、その赤字はコロナ禍によるものではなく、現在の北海道新幹線が抱える構造的なものである。

これは新函館北斗駅が函館駅から在来線で約20分かかるロケーションの悪さ、町からのアクセスが良好な函館空港との競合、函館市への需要がそこまで大きくないといった複数の要因によるもので、北海道新幹線は北海道最大の都市である札幌までの延伸が完了し、初めてその真価を発揮する。

羽田～新千歳は2023年度日本で最も旅客数の多い航空路線であり、成田発も合計すると年間1000万人以上が利用する。北海道新幹線がここからどれだけのシェアを取れるかは不透明な部分があるが、現在の新函館北斗駅止まりよりも良化することは間違いなく、インバウンドに人気が高いニセコへのアクセスが劇的に改善されるなど、そのプラス要素は大きい。しかし、北海道新幹線が札幌まで開業しない限り、新函館北斗駅までの部分開業による赤字が続くだけだ。

また、北海道新幹線が札幌まで開業することで、函館本線の函館駅から小樽駅までの区間が経営分離される。この区間の路線収支を見ると、2023年度で約93億円の赤字を計上している。つまり北海道新幹線の開業が遅れるほど、この赤字を背負う期間が長くなり、JR北海道の経営を圧迫するのである。

さらに、北海道新幹線札幌延伸と並行して行われている札幌駅前の高層ビル建設を含む再開発事業だが、これも北海道新幹線で航空機利用客から一定のシェアを奪うことで、札幌駅利用者数の底上げが期待され、その相乗効果で駅ビルの収益拡大が見込まれている。その駅ビルも建設費高騰の影響を受け、ビルの規模縮小といった計画の見直しも示唆されているような状態である。

このように、北海道新幹線札幌延伸の延期はＪＲ北海道の経営に様々な形で大きなインパクトを及ぼすのである。

●時間的猶予ができた並行在来線問題

先ほども触れたように、北海道新幹線札幌延伸に伴い、函館本線の函館駅から小樽駅の区間が並行在来線としてＪＲ北海道から経営分離される。

長万部駅から小樽駅の区間にあたる後志ブロックでは鉄道廃止、バス転換で同意されているが、近年のバスドライバー不足により、新規路線を引き受けるバス会社との交渉が難航している。沿線自治体は現在の鉄道路線と同等の利便性を確保した上でのバス転換に同意しているため、バス会社を見つけられず、自治体によるコミュニティバスやオンデマンドタクシーなどが検討されるようになると、沿線自治体からの反発は避けられず、一部自治体の首長からはそうした動きを牽制する発言も聞かれる。

もっと深刻な問題は函館駅から長万部駅の渡島ブロックである。この区間では費用負担の大きさから、長万部町を始め、沿線自治体は鉄道維持に消極的な姿勢を見せており、新幹線からのアクセス需要が見込める函館駅から新函館北斗駅の区間を除き、バス転換が濃厚である。しかし、長万部駅から小樽駅の区間と異なり、この区間には貨物列車が多数運行されており、旅客鉄道としては廃止できても、鉄道そのものを廃止するわけにはいかない。この区間については貨物専用線としての維持を目指して、国や北海道、JR北海道、JR貨物により協議が行われているが、これまで前例がないため、費用負担、線路施設管理などの分担でこちらも交渉が難航している。

このように多くの問題を抱える並行在来線の関係者にとって、北海道新幹線札幌延伸の延期は問題解決の時間的猶予を与えてくれるというメリットがあるのだが、北海道新幹線の運行主体となるべきJR北海道にとっては何一つ良いことはないというのが、なんとも皮肉な話である。

ＪＲ北海道が示す「総括的な検証」で黄線区はどうなる？

２０１６年、ＪＲ北海道は「当社単独では維持することが困難な線区」を発表し、輸送密度２００未満を赤線区、輸送密度２００以上２０００人未満を黄線区とした。赤線区については廃線済み、または廃線が確定したため、次に協議の対象となるのが８つの黄線区（次ページ地図参照）である。この８つの黄線区が今後どのようになるのか、その未来を考えてみたい。

●本来の予定なら黄線区の行く末はすでにわかっていたはず？

２０１８年、国土交通省はＪＲ北海道に対し、経営改善を求める監督命令を下した。その中には黄線区における改善策も求められており、２０１９年度からＪＲ北海道は沿線自治体など地域の関係者とともに、黄線区における利用促進やコスト縮減などに取り組み、持続的な鉄道網の確立の検証を行うための事業計画を策定。５年間の実証事業の

単独維持困難な「黄線区」8区間

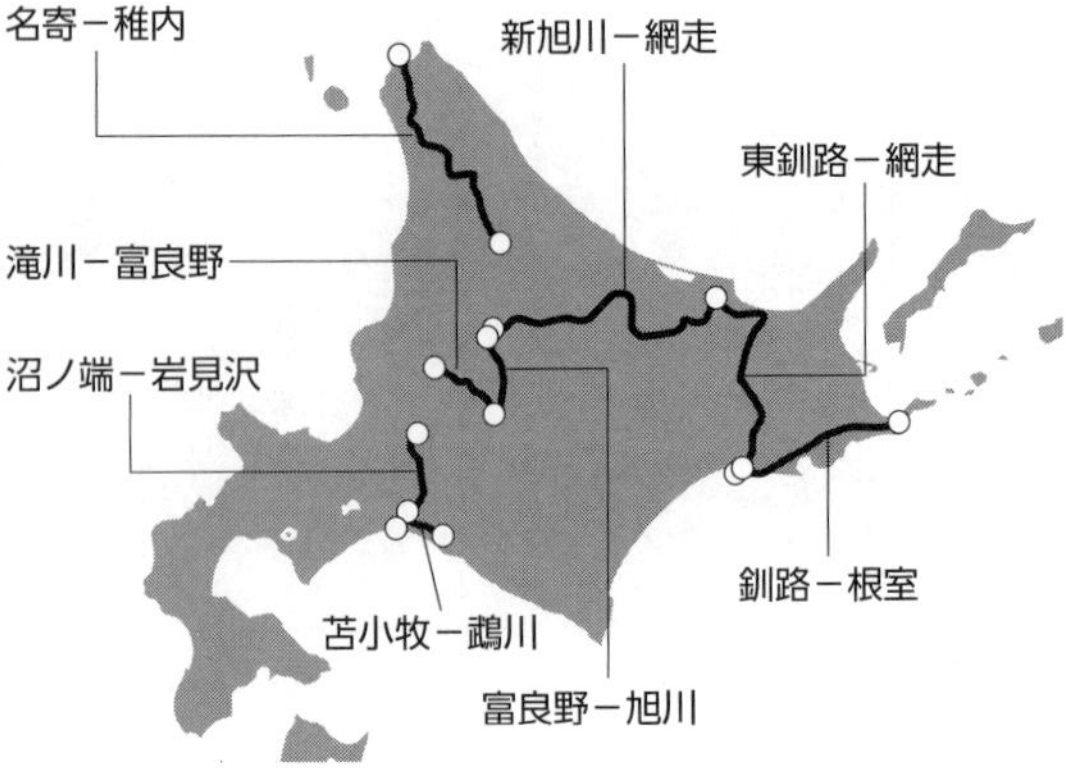

後、2023年度末にその実証実験の結果が報告され、総括が行われるタイムスケジュールが組まれていた。

総括が行われるということは、黄線区が維持されるか、廃線となるのか、その行く末が決定するということだが、その総括は3年持ち越しとなった。それは改善策のほとんどが目標未達であり、その理由はコロナ禍による行動制限が影響し、十分な結果を得ることができなかったためとされている。

この総括的な検証が行われる前に、北海道知事や沿線自治体の市町村会は国土交通省を訪問し、コロナ禍という特殊な状況が数年続く中での実証実験の難しさ、その総括的な検証を今行う不公平さを主張し、その検証の延長を要望。それを国土交通省が受け入れたという形だ。

確かにコロナ禍により、観光客はほぼゼロという状態になり、実証実験の十分な結果を得られなかったのは確かではある。しかし、3年延長して黄線区がJR北海道単独で線区を維持できるほど、飛躍的に利用者数が増えるのかと言えば、疑問符がつくと言わざるを得ない。

●そもそも鉄道で儲けるのは困難な北海道

JR北海道は発足当時から鉄道収支は赤字になることが前提だった。そのためJR北海道にはJR四国とJR九州（いわゆる三島会社）とともに経営安定基金が設けられ、この基金を運用し、運用益で赤字を補填するスキームが用いられた。このことからも厳しい経営になることは国鉄分割民営化当初から認識されていたのだが、その後の低金利による運用益の縮小、高速道路の延伸などによる鉄道利用者の大幅な減少により、鉄道事業における収支は想定よりも大幅に悪化し、毎年巨額の赤字を計上しているわけだ。

三島会社のうち、経営の多角化に成功したＪＲ九州は完全民営化を果たし、これは大いに称賛すべきことであるが、ＪＲ九州の民営化の原動力となったのは、鉄道事業ではなく、不動産などの鉄道外事業である。また、ＪＲ北海道やＪＲ四国と異なり、新幹線を持ち、営業エリア内には政令指定都市が３つもあるなど、ＪＲ九州の経営環境は北海道や四国に比べて、かなり良好であったことも幸いした。

一方のＪＲ北海道の営業エリアを見ると、人口集中地区は札幌都市圏のみであり、人口が希薄な地域が大半を占める。さらに、雪や寒さによる保守費用の大きさなど、北海道という特殊な環境によるコストも大きく、鉄道事業を改善しようにも自ずと限界がある。そのため国からの財政支援が継続されており、２０２１年度にはＪＲ北海道に対し３年間で１３０２億円の財政支援が行われていた。

この３年間の支援には黄線区への事業計画実施のための支援も含まれていたが、本来総括的な検証が行われる２０２３年度末が支援金の期限となっていた。ここで総括的な検証も行われ、黄線区の処遇がある程度決まっていれば、国のＪＲ北海道に対する支援内容が見直されたと思われるが、総括的な検証が３年先送りとなったことで、ほぼ同じ内容で新たに向こう3年間における1092億円の支援金の拠出が決定されるに至った。

●国土交通省が再び監督命令を発出……JR北海道の経営改善を急ぐ理由

新たにJR北海道への支援を向こう3年間継続する一方で、国土交通省はJR北海道に対し、2018年に続き、再び抜本的な経営改善の確実な実行を求める監督命令を発出した。これにより、黄線区に残された猶予は事実上3年となった。

国土交通省がこのようにJR北海道の経営改善を急ぐ理由は、2031年度末までにJR北海道、JR四国、JR貨物の経営自立を目標としており、そのためにJR北海道で必要なのが、不採算部門の整理、北海道新幹線の札幌延伸、鉄道外事業の拡大なのである。北海道新幹線と鉄道外事業の重要性については前項で述べたとおりだが、赤字縮減のため、不採算部門の筆頭に挙げられるのが黄線区であり、その速やかな処遇が求められているのである。

では、黄線区がこの3年で長期的に維持可能と判断されなかった場合、どうなるのか？　沿線自治体が取ることのできる選択肢は3つとなる。

①上下分離による線路施設の所有・維持
②第三セクター設立による鉄道維持
③廃線・バス転換

鉄道を維持するなら①、②という選択肢になるが、これらは財政基盤の小さな沿線市町村だけで実行するのは不可能であり、北海道庁の支援が必須となる。しかし、北海道庁は各路線への赤字補填は行わないことを明確に示しており、事実上、廃線・バス転換しか選択肢がない。日本全国でバスドライバー不足が深刻化しており、新たなバス路線の設定は難しい状況であるが、2024年春に廃線となった根室本線の富良野〜新得間では、既存の都市間バスを軸にコミュニティバスやオンデマンドタクシーなどを絡めた交通体系が構築された。もはやバス路線の新設すら不要なほどの輸送量しかないのも事実であり、廃線・バス転換のハードルは高くないといえる。

一方で、黄線区には稚内、北見、網走、根室といった北海道の主要都市への路線も含まれており、特急列車が運行されている路線もあることから、これまで廃線となったローカル線とはその役目が大きく異なる。さらに、石北本線の北見駅から新旭川駅までと、根室本線の滝川駅から富良野駅までの区間では、季節運行であるが貨物列車も運行されており、本州各地への北海道の農産物の輸送手段となっている。鉄道貨物を10年間で倍増にしようとしている国土交通省が、こうした路線の廃線まで求めるのか？

黄線区には単に数字では測れない部分も多々あるのだが、大きな赤字を生み出していることも事実だ。仮に維持するとなれば、誰がどのように負担するのか？　3年後の総括的な検証までに検討すべき課題も多い。

インバウンド復活で大いに賑わう新千歳空港駅拡張計画は実現するのか？

新千歳空港の地下にある新千歳空港駅は札幌のみならず、北海道の玄関口として多くの旅客で賑わうが、駅は島式ホーム1面2線と手狭であり、その改良、拡張の構想があった。

この構想はコロナ禍により需要が激減し、一旦棚上げされたが、多くのインバウンド旅行者が戻りつつある状況から、ＪＲ北海道は中期計画２０２６にて、新千歳空港駅のスルー化が再び検討項目に掲げられた。将来的にこの計画は実現するのだろうか？

●制約だらけの新千歳空港駅

新千歳空港駅改良の構想があるのは、運行のネックとなっている３つの問題を解決するためのものだ。

１つ目の問題は、新千歳空港駅は南千歳駅から分岐し、単線で新千歳空港地下に進入する構造である。単線であるため、南千歳駅と新千歳空港駅の間で上下線の列車の行き違いができず、輸送力増強に限界があり、増発に対応することが難しい。

２つ目にホームの長さが６両編成分しかないことだ。札幌・小樽と新千歳空港を結ぶ快速エアポートは６両編成で運行されているが、乗客が増えても、これ以上車両を連結することができない。単線の問題で本数に限りがあり、ホームの長さの問題で車両を増やすということもできないのである。

そして、３つ目の問題は新千歳空港駅が行き止まり構造となっているため、札幌方面の列車のみが発着可能となっている点だ。新千歳空港駅に到着した乗客が苫小牧、室蘭、函館、そして、帯広、釧路方面に向かう場合、一旦南千歳駅へ移動し、そこで特急北斗や特急おおぞらなどへの乗り換えが必要になるため、その利便性は決して高いとは言えない。

コロナ禍により、観光客は激減した北海道だが、インバウンドは再び増加し、コロナ禍以前、もしくはそれ以上の状態となっている。さらに、新千歳空港を発着する快速エアポートは空港利用者のみならず、札幌都市圏の通勤通学にも利用されているため、JR北海道は即効性のある対応策が求められるようになったのだ。

●快速エアポートの増便で対応

JR北海道は2024年春のダイヤ改正で、快速エアポートの増発を行った。これまでの日中時間帯（9時〜16時）における毎時5本運転から1本増発し、毎時6本を運転。まずはこの増発で空港アクセスを強化し、インバウンド客の回復に対応したのである。

ただこの快速の増発にはからくりがある。この快速エアポートには、新千歳空港と札

千歳線停車パターン（9時～16時）

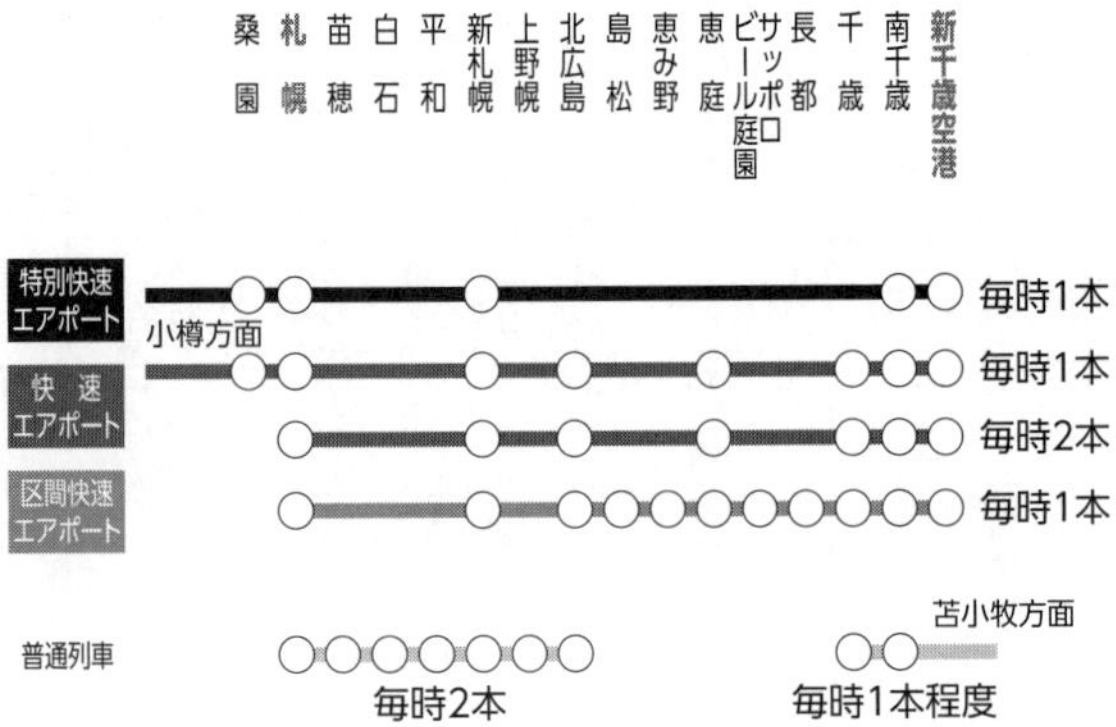

幌の間では南千歳駅と新札幌駅にしか停車しない特別快速、北広島駅から南千歳駅の間の各駅に停車する区間快速という種別が加わった一方、日中時間帯の北広島駅から千歳駅の普通列車の運転は全て取りやめた。つまり、快速の増発の影には、普通列車の運行取りやめというトレードオフがあったわけである。

このような形で対応したJR北海道であるが、これは根本的な対処法とは言えない。そもそも、2019年4月にリリースされた「JR北海道グループ長期経営ビジョン・中期経営計画・事業計画等」において「新千歳空港アクセス輸送の強化」が盛り込まれており、特に中長期計画として、

・新千歳空港アクセス強化の課題解決として、ＪＲ貨物とのダイヤ調整、快速エアポートの7両編成化検討、新千歳空港駅スルー化の検討
・インバウンド増加に対する輸送力の強化
・さらに便利な札幌圏への進化

の3点が掲げられていた。

快速エアポートを7両編成化するためには、ホームの延伸が必要となり、新千歳空港駅のスルー化を行うということは、これは現在の新千歳空港駅の行き止まり構造の解消、苫小牧方面への新線建設が必要になる。新線建設となれば、苫小牧から室蘭、函館方面のみならず、石勝線から帯広、釧路方面への接続も検討されることになり、新千歳空港駅から乗り換え無しで北海道主要都市へアクセス可能となる。さらに新千歳空港駅に各方面からの特急列車が停車することで、札幌駅への空港アクセス特急としての役割、快速エアポートの混雑緩和も期待できる。

これらの施策は、コロナ禍により、JR北海道は2020年度には過去最大の400億円以上の赤字を計上し、全て白紙に戻された格好だが、現在のインバウンドの好調ぶりから、新千歳空港駅改良の構想が再び浮上してきたのである。

●新千歳空港駅の改良計画が現状では難しい理由

しかしながら、その構想が短期間で事業化されるかと言えば、難しいだろう。その最大の理由は前項の「JR北海道が示す「総括的な検証」黄線区はどうなる?」で記したように、JR北海道は国土交通省から経営改善に向けた取り組みを促す監督命令を受けているためだ。その取り組みにおいて、2024年度からの3年間で1092億円の財政支援を受けている最中であり、新規大型プロジェクトの推進は黄線区への対応が完了した後と考えられる。

一方、将来に向けた投資は必要ではあるが、これも先の項で解説したように、JR北海道は北海道新幹線とそれに伴う札幌駅の再開発という大事業を進めており、札幌冬季五輪の招致停止との関連についてもお話したとおりだ。そのような中、JR北海道がさらなる巨大プロジェクトを進行するのがどれだけ厳しいことなのかは言うまでもない。中期計画においても、新幹線札幌開業までは、そこに注力し、新千歳空港のスルー化などの施策は新幹線札幌開業後となることが明記されている。

しかし、インバウンド拡大は政府の施策でもあり、さらなる増加が見込まれる。快速エアポートの増発もこれ以上は難しい。そして、この区間では北海道と本州を結ぶ貨物列車も多数運行されており、さらに、国土交通省は今後10年で鉄道貨物のシェアを倍増させる目標を掲げており、貨物列車の増便も視野にいれる必要がある。そうなれば、千歳線全体の輸送力強化の必要性が高まり、新千歳空港駅の改良を含む、札幌と新千歳空港の輸送体系を根本的に考え直さなくてはいけない局面が訪れる。

そうしたこともあり、JR北海道の中期計画には、北海道新幹線札幌開業後の在来線高速化も検討され、札幌駅から新千歳空港駅を現行の最速33分から最速25分へ短縮という目標を掲げており、将来的にはこの区間で何らかのアップグレードが行われるだろう。

そして、もう一つ忘れてはいけないのが、JR北海道と北広島市によるエスコンフィールド新駅計画だ。札幌駅と新千歳空港駅の間に位置するこの新駅は快速エアポートが運行される千歳線の輸送体系にも関わることだが、これについては、次項で詳しく解説したい。

北海道ボールパーク新駅がJR北海道にもたらす影響とは？

北海道日本ハムファイターズの本拠地「エスコンフィールドHOKKAIDO」は、2023年3月にオープンしたが、最寄りの北広島駅から約2・5㎞離れているため、アクセス手段は徒歩かシャトルバスのみである。

そのアクセスを改善すべく、北広島市は球場近くへの新駅設置を要望しており、その実現まであと少しに迫っているが、なぜ、ここまで時間がかかっているのか？　また、新駅設置はJR北海道へどのような影響をもたらすのだろうか？

●事業費増大で進捗せず

2016年、札幌市に本拠地を置くプロ野球チーム、北海道日本ハムファイターズは新しい本拠地スタジアム建設の検討を始め、北広島市が候補地の一つとなった。

北広島市は誘致活動と並行し、千歳線への新駅設置の検討を始めた。これは新球場の予定地であった「きたひろしま総合運動公園」が北広島駅から離れているものの、千歳線に隣接した場所であり、新駅を設置することで、アクセス面の問題の解決が可能であるとの認識に立つものであった。

そして、2018年3月、北広島市に新球場建設が決定すると、JR北海道に対して新駅の設置を正式に請願。JR北海道は2019年12月に新駅設置の検討状況を報告した。

その内容は島式ホーム1面2線で、その外側に通過線を設ける線路配置として、事業費は80～90億円。2020年度中に意思決定が行われれば、2027年度末に開業する見込みが示された。

しかし、その後のインフレーションにより、資材費や人件費が高騰した結果、事業費は115～125億円にまで膨らんだ。これに懸念を示した北広島市はJR北海道に再検討を依頼。

新駅予定地

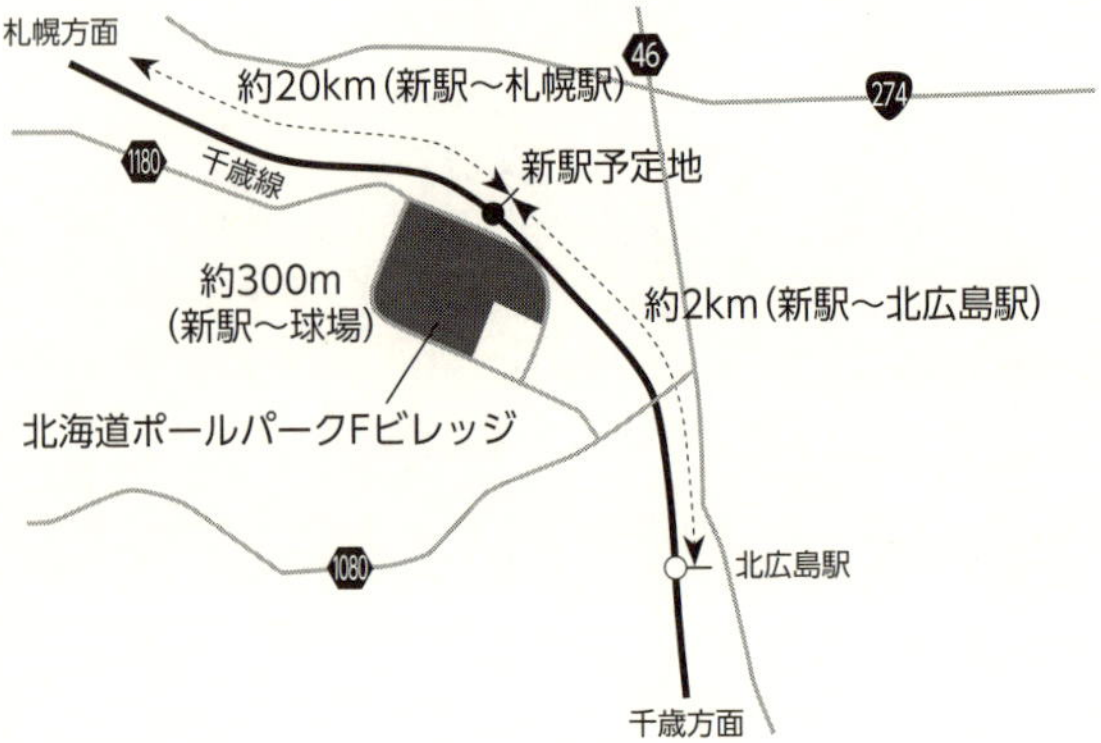

２０２３年9月には新駅設置計画が再策定され、駅の位置を２００ｍ北広島駅側に寄せ、駅からエスコンフィールドへの距離は４００ｍから３００ｍに短縮された。

また、駅のレイアウトは島式ホーム１面２線から相対式ホーム２面２線とし、通過線は本線の中央に設置する線路配置に変更。さらに折り返し設備を北広島駅構内に設置することで、工事期間中の本線への影響を最小限に抑えることが可能となった。その結果、事業費を85〜90億円に縮減することが可能となり、さらにその後の精査を加えることで、約80億円に圧縮し、再び北広島市の判断を仰ぐこととなる。

これを受け、北広島市は新駅の建設費用約80億円に加え、駅前広場や自由通路などの市が行う事業に約20億円を見込み、総額約100億円の事業計画をまとめた。これが市議会に予算案として提出される予定であり、可決されれば、JR北海道と正式に基本協定書を締結し、着工する運びとなる。こうした手続き完了に1年、工事期間は約4年と見込まれるため、順調に進めば、2028年度中に「(仮称)北海道ボールパーク駅」がお披露目となるだろう。

この計画が実現すれば、アクセスが大幅に改善され、エスコンフィールドを核とした「北海道ボールパークFビレッジ」周辺の経済にも大きな影響を与えることが期待されるが、北広島市が約100億円を投じてまで、新駅設置を進めるのは、他にも理由がある。

●新たな学園都市の誕生

2023年9月下旬、当別町にある北海道医療大学は北広島市「北海道ボールパークFビレッジ」への移転を決定した。

この決定の背景には、今後の少子化社会へ教育機関が抱える強烈な危機感がある。北海道医療大学には、現在、生徒数が約3600人。教職員約800人が在籍しているが、このままでは今後の生徒数維持も難しい状況とされている。北海道医療大学の北広島市への移転は、その状況を打破するために下された大きな決断であろう。

札幌駅から北海道医療大学駅までは約45分かかるが、札幌駅から北広島駅までは快速で20分足らずと、札幌からのアクセスには大きな差があるため、北広島市への移転で、通勤通学の負担の軽減を打ち出すことができる。また、北海道随一の大都市である札幌に近いことは、大学生にとって魅力的な条件であり、アルバイトが探しやすいなどのメリットもある。

北広島市にとって、教職員と生徒合わせて4000人以上が在籍する北海道医療大学が移転することは、昼間人口の底上げとなり、地域経済への直接的な影響など、その経済効果は大きい。また、北海道ボールパークFビレッジは学園都市としての性格も持つことになり、アカデミックなイメージといった目に見えない効果も生まれる。

これらを考え合わせれば、100億円以上かけて新駅を設置するだけの価値は十分にある。

●手放しで喜べないＪＲ北海道

北海道ボールパーク新駅の設置は、ＪＲ北海道にとっても旅客流動において非常に大きな変化をもたらす。

新駅によりエスコンフィールドへのアクセスが改善されることで、野球観戦者の鉄道利用が増加することは間違いない。北広島駅からバスに乗り換えたり、徒歩でアクセスするのと、駅から３００ｍ歩くだけで球場にアクセスできるのでは、その違いが大きいことは明白だ。

これに加え、新駅周辺の住民、北海道医療大学の学生、教職員など、１日あたり数千人の利用者が上乗せされるため、新駅はＪＲ北海道の経営改善の一助となろう。

しかし、新駅が設置される千歳線は前項の「インバウンド復活で大いに賑わう新千歳空港駅、拡張計画は実現するのか？」で解説した通り、新千歳空港を利用する訪日外国人旅行者など、利用者数が増加している。２０２４年3月のダイヤ改正で快速列車の増発を行ったばかりであり、これ以上の増便が難しい。

北海道ボールパーク新駅の開業予定は最短で2028年度中であり、新駅開業を機に、千歳線全体の根本的な輸送体系の見直しの必要に迫られるかもしれない。

また、北海道医療大学が当別町から北広島市に移転することで、北海道医療大学が終点駅となっている札沼線（通称「学園都市線」）への影響も避けられないだろう。大学がある当別町に住む学生や教職員を除いても、1日数千人の旅客需要があることは間違いなく、これが消失する。JR北海道にとっては、札沼線の末端区間の数千人の利用者が千歳線に転移しただけとも考えられる。

今すぐに廃線というようなことはないだろうが、長期的に考えれば、そうした状況に陥っても不思議ではない。北海道医療大学が立地する当別町は、その移転により、大きな経済的な損失を被るだけではなく、将来的には鉄道路線まで失ってしまうかもしれないというリスクも抱えることとなってしまったのである。

秋田新幹線はなぜ田沢湖線なのか？北上線ではダメな理由

秋田新幹線は首都圏と秋田を直接結び、盛岡までは「はやぶさ」と併結し、盛岡から秋田間は田沢湖線を経由するミニ新幹線として運行されている。一方、かつて仙台と秋田を結ぶ最速ルートだった北上線は現在ローカル輸送のみで、利用者数の減少により沿線自治体から将来を不安視する声が上がっている。なぜ秋田新幹線のルートは北上線ではなく、田沢湖線だったのか、考えてみたい。

●秋田への距離が近い北上線

北上線は北上駅から横手駅までの61・1km、田沢湖線は盛岡駅から大曲駅までの75・6kmの路線であり、ともに奥羽山脈を越え、東北本線と奥羽本線を結ぶ路線である。

北上駅を起点として秋田駅までの距離を比較すると、北上線経由では131・5km（北上駅～横手駅61・1km、横手駅～秋田駅70・4km）で、田沢湖線経由では175・2km

（北上駅〜盛岡駅47・9㎞、盛岡駅〜大曲駅75・6㎞、大曲駅〜秋田駅51・7㎞）となり、北上線が圧倒的に短い。また北上線は今でこそ、短編成の気動車のみが行き交うローカル線だが、かつてはＤＤ51のような大型機関車が入線し、多くの貨物列車が運行され、東北地方の日本海側と太平洋側を結ぶ重要な路線であった。また、秋田への最短ルートだったため、東北新幹線開業以前は、特急「あおば」や急行「きたかみ」などの優等列車も運行されていた。

一方の田沢湖線は盛岡と大曲を結ぶ路線だが、全通したのは１９６６年と、その歴史は比較的浅い。その後、１９８２年、東北新幹線盛岡開業に伴い、田沢湖線は盛岡駅から秋田駅への連絡ルートとして電化工事が行われ、盛岡駅と秋田駅の間で運行されていた急行「たざわ」は電車特急列車となり、エル特急「たざわ」に昇格した。この時点で、その後の秋田新幹線の下地ができたわけだ。

田沢湖線が秋田駅への連絡ルートとなったのは、盛岡駅が当時の東北新幹線の終着駅であったこと、盛岡と秋田の県庁所在地間の流動などを考慮したためだが、秋田新幹線のルートが田沢湖線となったのはそれだけではなく、他にも理由があったと考えられる。

●秋田県の施策と合致した秋田新幹線計画

１９８３年に新幹線の在来線乗り入れ案として国鉄内でミニ新幹線の検討が始まった。一方の秋田県では電化された田沢湖線を首都圏への重要な連絡経路とみなし、１９８４年に東北連合会と共同で速度向上調査を開始した。この調査で田沢湖線高速化の実現性が高まり、１９８６年に秋田県の「総合発展計画」にミニ新幹線整備が重点課題として盛り込まれた。

１９８７年に三選を果たした秋田県知事佐々木氏は、田沢湖線のミニ新幹線化、高規格道路の建設、八幡平・阿仁・田沢湖地域での大規模リゾート整備の３つの大規模プロジェクトを公約に掲げ、「秋田・盛岡間在来線高速化期成同盟会」を設立。その後、ミニ新幹線は山形新幹線に先を越されるものの、１９９０（平成２）年に田沢湖線のミニ新幹線事業が予算化され、１９９７（平成９）年に秋田新幹線が開通した。

このプロセスで田沢湖線の高速化により秋田駅への所要時間が短縮され、沿線の観光促進も図られた。「みちのくの小京都」と呼ばれる角館へは秋田新幹線で首都圏と直結

秋田新幹線の事業費と負担（単位：億円）

事業の内訳		事業費	負担の内訳			
			国	秋田県	岩手県	JR東日本
地上施設	施設工事費	598	122.5	98	24.5	353
	老朽部取り替え	58				58
車両費		310		※115.25		194.75
合計（負担比率）		966 (100.0%)	122.50 (12.7%)	213.25 (22.1%)	24.50 (2.5%)	605.75 (62.7%)

※秋田県に全額償還

され、八幡平や阿仁地区ではスキー場の整備が進み、岩手県内では雫石駅を秋田新幹線の停車駅とすることで、小岩井農場や雫石スキー場へのアクセスを確保するなど、秋田県のみならず、岩手県にもメリットが生まれた。

このように、秋田新幹線を田沢湖線ルートで建設することで、沿線の観光促進において秋田・岩手両県において大きな効果を発揮することができた。北上線沿線で同様の効果が発揮できたかと言えば、田沢湖線沿線のような目玉となりうる観光地がほとんどなく、特に岩手県への経済効果は極めて限定的である。

実際効果があった田沢湖線ルートでも岩手県の負担割合は全体の2・5%に過ぎない。

これが仮に北上線ルートであったなら、岩手県の協力を得ることは難しかっただろう。

●明暗の分かれた北上線と田沢湖線

秋田新幹線のルートとなった田沢湖線は、仙岩峠に新しいトンネル建設の計画もあり、これが建設されれば所要時間は7分短縮され、雨や雪などによる輸送障害のリスクも大きく減少するため、今後もJR東日本の基幹路線としての地位はまず揺るがないだろう。

一方で北上線は利用者が減少傾向にあり、将来的な存廃も懸念されるレベルである。

以下は2022年度の北上線の路線成績である。

・北上駅～ほっとゆだ駅：輸送密度368、営業係数2503
・ほっとゆだ駅～横手駅：輸送密度90、営業係数4244

この数値はJR東日本の赤字ローカル線の中でも、かなり低い部類に入り、特にほっとゆだ駅から横手駅の区間はかなり深刻な状況だ。

このように、同じ奥羽山脈を越える路線でも、田沢湖線と北上線では残酷なまでの差がついてしまったが、北上線がこの先も存続できる可能性がわずかばかりある。それは北上線が持つバイパスルートとしての機能だ。山形新幹線と秋田新幹線の建設により、これらの区間は新幹線と同じ標準軌となったため、貨物列車など狭軌で運行される在来線列車の入線ができなくなった。そのため、奥羽本線と東北本線を狭軌在来線で結ぶ北上線の希少性は高く、過去にクルーズトレインの四季島などが入線した実績がある。

また、北上線では定期貨物列車はすでに廃止されているが、JR貨物がまだ免許を保持しており、形式上、貨物列車の運行が可能な状態である。線路状態も比較的よく、重量貨物に耐えられる保線を行うことで、不測の事態には運行することが可能だ。

国土交通省は物流2024年問題に関連して、鉄道貨物のシェアを今後10年間で倍にするという目標を立てている。そうした時流に乗り、北上線のようなローカル線も鉄道貨物のネットワークに加えられるかどうか？　いずれにしても、北上線単体の旅客利用状況だけで考えると、路線の維持はかなり難しいため、貨物を含む代替ルートとしての重要性がどこまで認識されるかで、この路線の将来が左右されるであろう。

米坂線の復旧を拒む山形県と新潟県の温度差

米坂線は山形県の米沢と新潟県の坂町を結ぶ90・7㎞の路線だが、2022年8月の豪雨により大きな被害を受け、現在でも今泉駅から坂町駅の間で不通となっており、復旧の見通しは立っていない。この路線の復旧には様々な要素が絡み合っているため、その解決は非常に困難と考える。米坂線が抱える特殊な事情について解説しよう。

●甚大な被害と莫大な費用

現在、不通となっている今泉駅から坂町駅の区間距離は67・7㎞と、米坂線全体の3分の2以上の区間を占めている。その被災箇所も橋梁崩壊や路盤流出など、112箇所にも及び、その被害は甚大、かつ広範囲に渡るものとなっている。そして、JR東日本によれば、その復旧費用は山形県側で約55億円、新潟県側で約31億円の計約86億円と算出。復旧にかかる期間は5年間と発表された。

米坂線該当区間の運行・利用状況

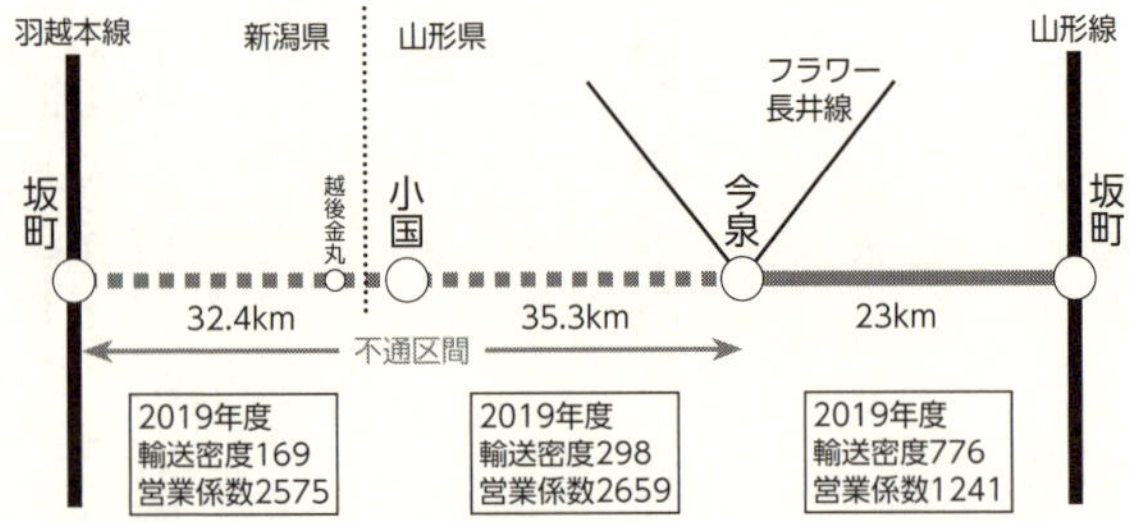

しかし、米坂線の利用状況はその復旧費用の大きさに見合ったものとは言い難く、上記の図で示している通り、コロナ禍前の2019年度でも最も利用者が多い米沢駅〜今泉駅間でも輸送密度776、営業係数1241と、100円の収益を得るのに1241円もかかる赤字路線である。これが、現在の不通区間の今泉駅〜小国駅間、小国駅〜坂町駅間では、さらに低い数値となっており、今回の被災がなくとも、存廃議論に至っていたと考えられるレベルと言ってよいだろう。

JR東日本自社単独での復旧、復旧後の運営については困難との見方を示し、沿線自治体へは利用改善のみならず、復旧費用の一部負担、上下分離を含めた運営の支援を求めており、そのJR東日本の新潟支社、山形県、新潟県、及び沿線7市町村で米坂線復旧検討会議が設置され、議論がかわされているという状況だ。

●国からの費用負担の枠組みはあるのだが……

大規模災害を受けた鉄道の復旧において、国は鉄道軌道整備法の規定に基づく、災害復旧事業の補助制度を用意している。これはかつては赤字会社の路線のみが対象だったが、２０１８年に規定が見直され、黒字会社の赤字路線も対象となった。しかし、その制度を利用するためには４つの条件がある。

①大規模な災害、もしくは激甚災害の指定、その他、これに準ずる大規模の災害
②被災路線が過去３年間赤字であること
③復旧費用が路線の年間収入を上回っていること
④長期的な運行計画の作成

これらの条件を満たせば、国と地方が４分の１にあたる約21億５０００万円ずつ、Ｊ

R東日本が2分の1にあたる43億円を復旧費用として負担することになる。また、国が必要と認めた場合、国、地方、JR東日本のそれぞれが3分の1ずつと、国と地方の補助割合を引き上げ、JR東日本の負担割合を下げることも可能な仕組みとなっている。この場合、JR東日本の負担割合は約28億7000万円まで縮小することが可能だ。

米坂線の復旧にこの補助制度を利用する場合、条件の①から③についてはクリアしており、JR東日本も米坂線の復旧については、国や自治体から補助を受けたいとしており、この補助制度の利用を念頭に置いていると思われる。

しかし、この制度を利用する場合の問題は条件④の「長期的な運行計画の作成」である。国土交通省が公表している災害復旧補助の資料において、「長期的」が示す具体的な年数については言及されていないが、大規模災害復興法などに照らし合わせれば、最低でも10年と考えられる。つまり、この制度を利用して復旧すると、JR東日本は最低でも10年間は米坂線を維持しなくてはならないという条件が伴うわけだ。

復旧しても黒字を見込むことが現実的ではない米坂線に最低でも28億円以上かけて復旧するとなると、JR東日本が慎重になるのも致し方ないだろう。そのため、JR東日本は路線の持続性を課題としており、バス転換、上下分離による鉄道復旧などの選択肢を並べ、沿線自治体との協議を続けているという状況だ。

●山形県と新潟県における米坂線復旧への熱量の違い

山形県と新潟県ともに通学や通院における米坂線の重要性を訴え、JR東日本による復旧を要望という点で一致している。現在米坂線の不通区間となっている67・7㎞の区間だけを切り取れば、山形県内と新潟県内の路線距離はどちらも30㎞ほどと変わらず、沿線自治体は山形県内が長井市、飯豊町と小国町、新潟県内が関川村と村上市と、その影響はあまり変わらないように見える。しかし、新潟県内における米坂線は不通区間のみだが、山形県内においては、現在通常通り運行されている米坂駅〜今泉駅の区間があり、この点が山形県と新潟県では明確に異なる。

米坂線復旧検討会議には、米坂線が通常通り運行されている米坂駅〜今泉駅間の沿線自治体である米沢市や川西町も参加している。これは小国町や飯豊町から米沢市などへの通学需要が大きく、沿線全体で通学の足を考える必要があるためだ。そして、今泉駅では第三セクターの山形鉄道フラワー長井線と接続しており、今泉駅で乗り換える学生も少なくない。そのため、山形県における米坂線の問題は路線全体とフラワー長井線への影響と、より広域的に考える必要がある。

一方、新潟県から見ると、その大半が県内となる小国駅から坂町駅間の輸送密度は米坂線最小である。この区間には新潟・山形県境があり、現在のローカル線の乗客の大半を占める高校生が県をまたいで通学することが少ないため、輸送密度が低くなることは自然なことである。

しかし、県都新潟市へとつながる羽越本線に接続していることを考えると、その輸送密度はあまりに低い。これは新潟県内における米坂線の沿線自治体は実質関川村だけであることが大きい。復旧検討会議には村上市も参加しているが、村上市内の駅は羽越本線に接続する坂町駅のみとなっているため、新潟県内における米坂線の役割の大半は関川村の高校生の通学需要であるのが実情だ。

このように新潟県と山形県では米坂線の必要性が大きく異なる。そして、それは両県のスタンスにも表れており、山形県の吉村知事は米坂線の復旧費用について「地元が全く負担しないということにはならない」と、かなり踏み込んだ発言をし、かなり前向きな態度を見せているが、新潟県はまだ明確な意思を示していない。

米坂線を復旧するとなれば、全線復旧が前提となろう。しかし、沿線人口の減少、特に若年層の縮小は避けられず、沿線自治体が米坂線の復旧を望むのであれば、復旧費用の一部負担、只見線のような上下分離方式の導入が現実的な選択肢となろう。その結果、沿線自治体には多額の公的資金の投入が強いられる。その場合、山形県はともかく、新潟県もその負担に応じることができるだろうか？

今後の米坂線復旧においては、両県のスタンスの違いをどこまで埋められるかが鍵となるだろう。

山形県が熱望する奥羽新幹線、羽越新幹線に実現の見込みはあるのか？

東北地方には、福島から山形を経由し、秋田へと至る奥羽新幹線、新潟から秋田を経由し、青森へと至る羽越新幹線という2つの新幹線の基本計画路線があり、山形県を中心に誘致活動が行われている。しかし、基本計画路線に定められてから50年以上の歳月が流れた現在も、その実現に目処は立っていない。この2つの路線の実現性について考えてみよう。

●奥羽新幹線と羽越新幹線の概要

2つの路線の想定されているルートと駅の設置場所は左ページの地図に記した通りである。奥羽新幹線は米沢、赤湯、山形、さくらんぼ東根、新庄、湯沢、横手、大曲に駅が設置され、秋田で羽越新幹線に合流する。

羽越新幹線の起点は北陸新幹線の上越妙高駅であり、長岡駅で上越新幹線に合流する。長岡駅から新潟駅までは上越新幹線と路線を共有し、新潟駅からは鶴岡、酒田、秋田を経由し、青森へと至る。

上越妙高駅から長岡駅の区間については、新潟県が信越本線高速化事業として、別に検討を進めており、これについては後の項「信越本線高速化は新潟県が抱える問題解決の特効薬となるのか?」にて別途解説しよう。

奥羽新幹線、羽越新幹線で計画されている想定路線図

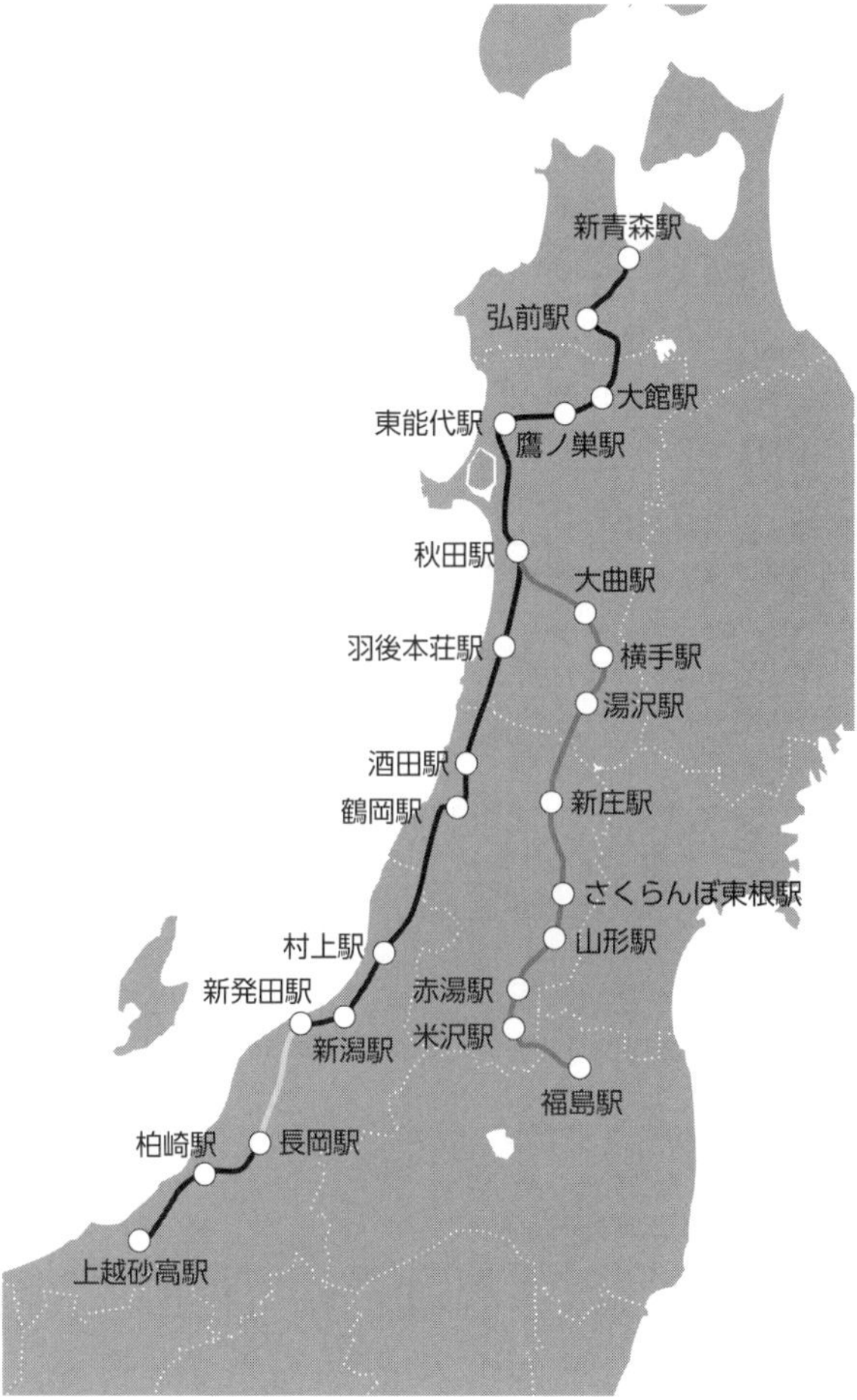

新幹線開業による時間短縮効果

	区間	現状	新幹線利用	短縮効果
奥羽新幹線	東京〜山形	2時間26分	約2時間	約26分
	東京〜新庄	3時間11分	約2時間30分	約41分
	東京〜秋田	約5時間50分	約2時間30分	約3時間20分
羽越新幹線	東京〜酒田	3時間55分	約2時間40分	約1時間15分
	新潟〜秋田	3時間30分	1時間1分	2時間29分
	秋田〜新青森	約2時間40分	46分	1時間54分

出所：山形県奥羽・羽越新幹線整備実現同盟／秋田県奥羽・羽越新幹線整備促進期成同盟会

これらの新幹線の開業による時間短縮効果は、山形県や秋田県などが独自に試算しており、主な区間については、上の表の通りである。

区間によって試算方法が異なるため、東京〜新庄と東京〜秋田の新幹線利用の所要時間が同じになるなど、数値に整合性はない点は了承願いたい。また、東京〜秋田の現行の所要時間は山形新幹線と奥羽本線の在来線列車利用によるもので、秋田新幹線利用の時間ではない。秋田新幹線を利用すれば、東京駅から秋田駅まで最速列車で3時間37分である。これを基準にすれば、短縮効果は1時間7分とかなり違った結果となる。

新幹線建設効果は所要時間短縮が最も大きなものだが、近年増加する激甚災害に対する線路施設の強靭化と運行の安定、踏切のないフル規格新幹線による安全確保もメリットとして挙げられる。

それでもこれらの新幹線計画は現在に至っても具体化していないのは、それ以上に障害も多いためだ。

●本当に必要としているのは山形県だけ？

奥羽新幹線、羽越新幹線のルート上にある各県の対応を見ると、その建設への熱意にはかなりの温度差がある。

秋田県は羽越新幹線と奥羽新幹線により、県の南北のアクセスを改善できるが、旅客流動の大きな首都圏、仙台とは秋田新幹線で直結している。さらに秋田新幹線の難所である仙岩峠では新仙岩トンネル（仮称）建設計画も進行中で、これにより所要時間の7分短縮と冬季の降雪時などによる遅延を防ぐことができ、運行の安定性が向上する。そのため、多大なコストを投入して、新たな新幹線を建設する必要に迫られていない。

青森県もフル規格の東北新幹線によって首都圏や仙台と直結している。羽越新幹線により県西部の交通アクセス改善を図ることができるが、県西部の中心である弘前駅は青森駅から普通列車でも約40分と、こちらも建設の意義は極めて低いと言える。

新潟県では別項で解説する上越妙高駅と長岡駅の信越本線高速化が羽越新幹線の一部と考えられるが、新潟駅から東側については後回しといった扱いである。

福島県は奥羽新幹線の10km程度が通過するだけであり、新駅設置も見込まれないため、そもそも福島県にはほとんど関係のない話である。それにも関わらず、奥羽新幹線が実現すれば、並行在来線分離が予想される。福島県内では山形線の福島駅から庭坂駅までのわずか7km程度の区間ではあるが、奥羽新幹線のために福島県が引き受ける理由は見当たらず、奥羽新幹線建設においては大きな問題となるだろう。

このように、奥羽新幹線、羽越新幹線を本当に必要としているのは山形県のみと言っても過言ではなく山形県の誘致活動が目立つのも、そうした事情による。

●その山形県ですら実現に向けて問題山積み

羽越新幹線の予定ルートとなる羽越本線は極めて旅客流動が小さい。この路線では都市間輸送として、特急いなほが1日7往復運行されているが、そのうち5往復は新潟～酒田間のみで、秋田まで運行されるのは2往復に過ぎない。

羽越新幹線で最も利用される区間は新潟駅と山形県庄内地方の鶴岡駅・酒田駅と考えられるため、この区間の流動を試算してみよう。

・特急いなほ……1編成あたり最大428席×14本（7往復）＝5992席
・ANA 羽田空港～庄内空港……1便あたり166席×10本（5往復）＝1660席
・高速バス 酒田・鶴岡～東京（夜行便）……1台あたり30席×6本（3往復）＝180席

これらに合計すると1日8000人弱となるが、利用率を60％前後と考えても利用者数は1日5000人程度。羽越新幹線を実現するためには、あまりにも小さな市場である。

●フル規格建設で失われるミニ新幹線のメリット

奥羽新幹線は福島～新庄間ではミニ新幹線の山形新幹線として運行されており、これをフル規格に置き換え、さらに新庄駅から秋田駅への延伸となるが、新庄駅から先の区間はほとんどが秋田県内となり、先程も触れたように、秋田県が前向きに取り組むとは考えづらい。

そして、山形新幹線をフル規格の奥羽新幹線に置き換えた場合、山形新幹線停車駅である高畠駅、かみのやま温泉駅、天童駅、村山駅、大石田駅には奥羽新幹線の駅が設置されない公算が高い。これらの駅がある自治体は、首都圏とのダイレクトアクセスを失うことになり、大幅な利便性低下が予想される。また、ミニ新幹線とはいえ、「新幹線停車駅」の看板を失うことは、自治体としての存在価値にも関わることであり、簡単に容認できることではない。また、東京～山形の旅客流動では、現状でも山形新幹線がシェア98％と圧倒しており、十分機能している。さらに、山形新幹線でも板谷峠での防災、高速化をはかる米沢トンネル（仮称）建設が計画されており、これが実現すれば、東京

〜山形で約10分の短縮と、フル規格にせずとも高速化が図れるのである。

このように、現時点では奥羽新幹線、羽越新幹線の必要性は極めて乏しいと言える。これらの新幹線の建設の可能性があるとすれば、国が物流の安定化、冗長性を向上するため、貨物新幹線の実現に向けて動き出す……そのくらいの国家的なプロジェクトが必要であろう。

第2章　関東・東海

京葉線快速廃止問題に垣間見える千葉県の問題

２０２４年3月のダイヤ改正において、京葉線の通勤快速が全面廃止された。この改正においては、当初、日中を除く全ての通勤快速、快速列車を普通列車に変更するというものだったが、沿線自治体の猛烈な反発により、ＪＲ東日本は朝の上り快速列車２本のみを維持するという対応を行った。この問題にはＪＲ東日本の千葉県内における鉄道事業の方針と、沿線自治体が置かれた状況に大きなギャップがあることが垣間見える。

●快速を廃止して普通列車に統一

２０２３年12月、ＪＲ東日本は２０２４年春のダイヤ改正の内容を発表した。その中で、京葉線の通勤快速・快速においては、10時～15時の日中時間の列車以外の全てを普通列車に一本化するというものだった。特に上り２本、下り２本が運行されていた通勤快速は蘇我駅と東京駅の間では、新木場駅と八丁堀駅のみに停車。朝の上り列車の所要時間40～42分は同区間で運行される特急さざなみと同程度という速達列車であり、千葉市民のみならず、通勤快速が乗り入れる内房線、外房線の沿線住民においても、東京への通勤通学の足として大きな役割を担っていた。

快速列車は、海浜幕張、南船橋、新浦安、舞浜など、通勤快速に比べて停車駅が多くなるが、所要時間は普通列車に比べると平均10分程度短くなっており、京葉線における東京への速達性を高めていた。

このように京葉線で大きな役割を果たしていた快速系統の列車であるが、ＪＲ東日本によると、その利用者数はコロナ禍以前に比較し、約75％にまで減少しており、その利用状況を踏まえて24年春の改正による廃止を決定したと説明されている。また、京葉線全体を見ると、新型コロナウイルス以前に比べて減少したとはいえ、首都圏でも屈指の通勤路線であり、利用者が多く見込めない列車は整理し、より運行効率を高めたいと考えるのは極めて自然である。

一方、朝のラッシュ時に通勤快速や快速列車を廃止することで、普通列車の増便が可能となったため、各列車の混雑の緩和、平準化が図れるとしている。実際、普通列車しか止まらない駅では、停車回数が1日に30本ほど増え、利便性が向上。また、普通列車は通勤快速や快速列車に追い抜かれるため、所要時間が伸びてしまうが、普通列車のみが運行されているとなれば、他の列車に追い越されることもなく、普通列車の乗客にとっては貴重な朝の数分を短縮できるというメリットもある。

●千葉県知事・千葉市長の猛反発

このダイヤ改正が発表されると、沿線自治体からの大きな反発が起こった。まず、千葉市長は「極端な対応で容認できない」として、利便性低下、沿線経済への負の影響への懸念を示し、事前の相談もなく、ダイヤ改正を行ったことへ猛烈な批判を行った。

千葉県知事も普通列車増便によるメリットへの理解は示すものの、千葉県としては容認できないと同様の態度を見せ、JR東日本に対して申し入れを行うと会見で表明。さらに通勤快速が乗り入れる外房線や内房線の沿線自治体からの反発も起こるなど、大きな騒動へと発展した。

これを受け、JR東日本千葉支社長が千葉市長と面会し、意見交換を行った結果、朝の上り快速列車2本のみが維持されることが決まった。通常、ダイヤ改正は約1年かけて綿密に計画され、一度決定された内容は簡単に変更されない傾向があるため、千葉県知事や千葉市長の反対意見があっても、一度発表された改正の変更は難しいとの見方が強かったが、ＪＲ東日本は事の大きさから「異例」ともいえる対応を行った。

●対応に不満を抱える沿線自治体

上り東京行きの快速列車2本を維持するとしたＪＲ東日本であるが、その快速列車2本はいずれも早朝の列車である。

外房線・京葉線…上総一ノ宮駅6時3分発～東京駅7時25分着
内房線・京葉線…君津駅6時12分発～東京駅7時35分着

ＪＲ東日本としてはダイヤ見直しの影響を最小限に留めるという制約の中での変更であり、その苦しい状況が垣間見えるが、東京への通勤通学を考えた場合、東京駅着が早すぎるため、沿線自治体にとっては満足のいくものとはいえない。

千葉市を始めとする沿線自治体はあくまで通勤快速の復活を望んでおり、2024年1月26日には千葉市市議会において、JR東日本に対し、ダイヤ改正の再考を強く望む決議案を可決。同年2月8日には千葉市を始めとする20市町連名によるダイヤの再検討を求める要望書を提出するに至った。

2024年春のダイヤ改正においては、時間的猶予もなく、自治体からの要望が受け入れられることはなかったが、JR東日本は事態の大きさを考慮し、同年9月1日という異例とも言える時期にダイヤ改正を行うことを発表した。

この改正では一部の各駅停車を快速列車に変更するなど、平日の快速列車を7本増加、土休日に12本増加と、沿線自治体への配慮を見せた。

しかし、3月のダイヤ改正で新習志野駅での停車本数が増加した習志野市は、9月のダイヤ改正で停車する列車の本数が減少することとなり、利便性が低下。習志野市長は「駅利用者を粗末に扱う変更」と猛反発するなど、事態の収拾には至っていない現状だ。

●京葉線問題に見える自治体の将来への不安感

沿線自治体全てを納得させることが困難な京葉線の快速列車問題だが、この問題の根本にあるのは沿線自治体の今後の生き残りへの危機感と言える。

千葉県では、東京に近い船橋、市川などでは人口が増加しているが、県南部や東部では木更津市などの一部を除き、大半の自治体で人口が減少している。実際、ダイヤ改正再検討要望書に名を連ねた自治体は全て内房線と外房線、そして外房線に接続する東金線の沿線自治体であり、千葉県東部から南部の人口減少地域である。

こうした自治体において、東京とのアクセスは沿線価値を維持する重要な要素であり、東京へのアクセスとなる内房線、外房線から京葉線に乗り入れる速達列車は極めて大きな意味を持つ。

しかし、ＪＲ東日本から見える風景は異なる。内房線や外房線の利用者数は減少の一途を辿っており、両線の末端区間では輸送密度２０００以下という、国鉄時代であれば、廃線対象となるレベルに達している。京葉線に接続するこれらの路線の利用者が減少している一方、東京に近い船橋や市川では人口が増加しているため、快速を廃止して各駅停車を増便し、近距離の乗客の取り込みを図り、乗客の満足度を高めるほうが、ＪＲ東日本の利益につながるのである。

このように京葉線の問題は、ＪＲ東日本の経営方針と自治体の存在をかけたぶつかり合いとも言え、県全体を考えた場合、千葉県としても無視できない問題なのである。

東京臨海部の未来を変える 都心部・臨海地域地下鉄がついに事業化

東京都が東京駅から築地、豊洲市場などを経由し、有明までの都心部・臨海地域地下鉄の事業計画案を発表し、その運行主体を東京臨海高速鉄道（りんかい線運営会社）と決定した。この路線の役割、その背景にある東京都のさまざまな施策について考えたい。

●つくばエクスプレスとの接続も検討されていた路線

都心部・臨海地域地下鉄は国土交通省内にある交通政策審議会において、２０１６年、都心と臨海部の鉄道ネットワーク強化として位置付けられたものだが、臨海副都心のアクセス向上といった効果が評価されるも、さらなる検討が必要とされ、つくばエクスプレスの延伸・接続を含めた事業計画が期待された。

つくばエクスプレスは秋葉原駅を起点としているが、計画当初の起点とされていたのは東京駅である。しかしながら、莫大な事業費が障害となり、秋葉原駅を起点として開業したが、現在も沿線自治体は東京駅への延伸を強く求めている。こうしたつくばエクスプレスの事情、単独では事業性に疑問符が付けられていた都心部・臨海地域地下鉄を接続することで、両線の抱える問題を一挙に解決しようとしたわけだ。

●都心部・臨海地域地下鉄単独での計画へと格上げ

このように、都心部・臨海地域地下鉄実現にあたっては、つくばエクスプレスとの接続が前提条件だったのだが、都心部・臨海地域地下鉄は単独での事業計画へとその姿を変えていった。その理由は東京都の総合戦略と深く関係している。

２０２１年７月の交通政策審議会において、都心部・臨海地域地下鉄は次のように評価されている。

・臨海部（築地、晴海、豊洲、有明など）での大規模開発計画が進展中で、東京都は「未来の東京」戦略を策定し、臨海部の将来的な都市像を示した。

・都心部・臨海地域地下鉄構想は、世界から人、企業、投資を呼び込み、東京と日本の持続的成長を牽引する臨海部と区部中心部をつなぐ基幹的交通基盤として期待され、つくばエクスプレス延伸との接続も含め、事業化に向けた検討を図るべきである。

このように、東京都の「未来の東京」戦略が評価され、都心部・臨海地域地下鉄はつくばエクスプレスとの接続を検討しつつも、計画の具体化に向けての検討を進めるよう提言がなされた。

これを受けて、東京都は２０２３年の「東京ベイeSGプロジェクト」において、都心部・臨海地域地下鉄は都心部と大きなポテンシャルを有する臨海地域を結ぶ基幹的な交通基盤としての役割を担い、東京を持続可能な都市に発展させ、日本の成長において不可欠な路線と位置づけた。これまでは、つくばエクスプレスとの接続なしで、事業化は難しいという考えが示されてきたが、これら東京都の提言において、臨海部の開発が最重要施策と位置づけられたため、まずは東京最大の交通拠点である東京駅と臨海部を結ぶことを優先として、都心部・臨海地域地下鉄を単独での整備となったわけだ。

東京都の事業計画案では、ルートは東京駅から有明・東京ビッグサイト駅の路線距離6・1㎞、途中駅は新銀座、新築地、勝どき、晴海、豊洲市場とされており、概算事業費は4200～5100億円、費用対効果は1以上、収支採算性として累積資金収支黒字転換年30年以内とされ、着工は2030年、2040年度の完成を目標としている。

つくばエクスプレスの接続は将来の課題と棚上げされた格好だが、これは東京都、埼玉県、千葉県、茨城県の4の都県にまたがる第三セクター鉄道であり、筆頭株主が茨城県、さらに多くの沿線市区が株主に名を連ねていることが大きな理由だろう。東京駅へ延伸するにも多くの株主の合意形成には相当の時間を要する。さらに茨城県はつくばエクスプレスの土浦駅延伸構想を持ち、東京駅延伸だけを議論することが難しいという事情もある。

●運行主体がりんかい線に決まったわけ

２０２４年2月、東京都は都心部・臨海地域地下鉄構想について、建設整備主体は鉄道・運輸機構、営業主体はりんかい線を運行する東京臨海高速鉄道として、この三者で事業計画の検討を進めることで合意したと発表した。

鉄道・運輸機構は国土交通省所管の独立行政法人であり、整備新幹線や相鉄・ＪＲ直通線、相鉄・東急直通線の建設主体である。都心部・臨海地域地下鉄はこれらの路線と同様、完成後も鉄道・運輸機構が線路施設を保有し、営業主体となる東京臨海高速鉄道から線路使用料を徴収する上下分離方式となりそうだ。

そして、営業主体が都営地下鉄や東京メトロではなく、東京臨海高速鉄道となったことにはいくつかの理由がある。

1つ目に東京臨海高速鉄道は東京都が株式の91・32％を持ち、事実上東京都が保有する鉄道会社であることだ。この路線の建設が東京都の都市計画とリンクしていることは説明した通りであり、東京臨海高速鉄道を営業主体とすることで、東京都の意向が反映されやすいわけだ。

2つ目にりんかい線との接続である。都心部・臨海地域地下鉄の終点である有明・東京ビッグサイト駅はりんかい線の国際展示場駅に隣接した場所とされており、りんかい線と接続する。この「接続」が相互乗り入れなのか、乗り換え可能な駅ということなのかは明確ではない。東京臨海高速鉄道が営業主体となったことで、相互乗り入れさせたほうが、車両の共通化、線路保守、車両基地の共有においてコストダウンを図るというメリットは大きいが、りんかい線の国際展示場駅の構造を考えた場合、相互乗り入れは難しく、乗り換えとなる公算が高い。しかし、2つの路線を同じ東京臨海高速鉄道が運行することで、運賃は一本化され、乗客の利便性を一定程度維持することが可能だ。

3つ目に将来的な羽田空港駅へのアクセスだ。JR東日本は羽田空港アクセスルートにおいてりんかい線から京葉線へと接続する臨海部ルートの計画を持っており、現在建設中の東山手ルートの開業が見込まれる2031年度と同時期の開業を目指しているとの報道があった。臨海部ルートの実現により、都心部・臨海地域地下鉄沿線から羽田空港へは、直通しない場合でも国際展示場駅での乗り換え1回でアクセス可能となる。

この路線はまだ事業化が確定したわけではないが、りんかい線を運行する東京臨海高速鉄道が営業主体となったことで、様々な可能性が広がった。この路線が東京臨海部に与えるインパクトには大いに期待したい。

宇都宮ライトレール西側延伸が担う宇都宮の未来

2023年8月、75年ぶりの完全な新規開業の路面電車路線として宇都宮ライトレールが開業したが、予想を大きく上回る好調ぶりで、宇都宮駅西側への延伸計画の実現に向けて大きく動き出した。宇都宮ライトレールの成功の理由と、宇都宮駅西側延伸がどのような影響をもたらすのか考察してみよう。

●宇都宮ライトレール開業の効果とは?

宇都宮ライトレール（芳賀・宇都宮LRTやライトラインの呼び名もあるが、この項では宇都宮ライトレール、またはライトレールの名称を用いる）は2023年8月、宇都宮駅東口停留場から芳賀・高根沢工業団地停留場までの14・5㎞で開業した。75年ぶりの新規開業路線として多くのメディアにも注目され、その結果、当初予測よりも2週間早い11月15日には利用者数累計が100万人に達した。

宇都宮ライトレール建設の大きな目的の一つである交通渋滞緩和に関しては、この路線近辺では車の交通量が減少したというデータがある一方、別の道路では交通量が増えたというデータもあり、宇都宮ライトレール開業と渋滞緩和に付いては、まだ十分なデータが出揃ったとは言えない。

また、宇都宮ライトレール開業に伴い、並行するバス路線の多くが廃止または縮小され、ライトレールの3つの停留所に設置されたトランジットセンターからフィーダーバスが発着する新たな公共交通網が形成された。しかしながら、フィーダーバスの利用者数は目標値を大きく下回るというマイナス面も見られる。

一方で、宇都宮ライトレール沿線には、本田技研、キャノン、花王といった名だたる企業が拠点を置いており、以前は各企業が宇都宮駅から社員送迎バスを運行していたが、ライトレールの開業によりこれらのバスは廃止された。通勤の足が宇都宮ライトレール

宇都宮ライトレール路線図

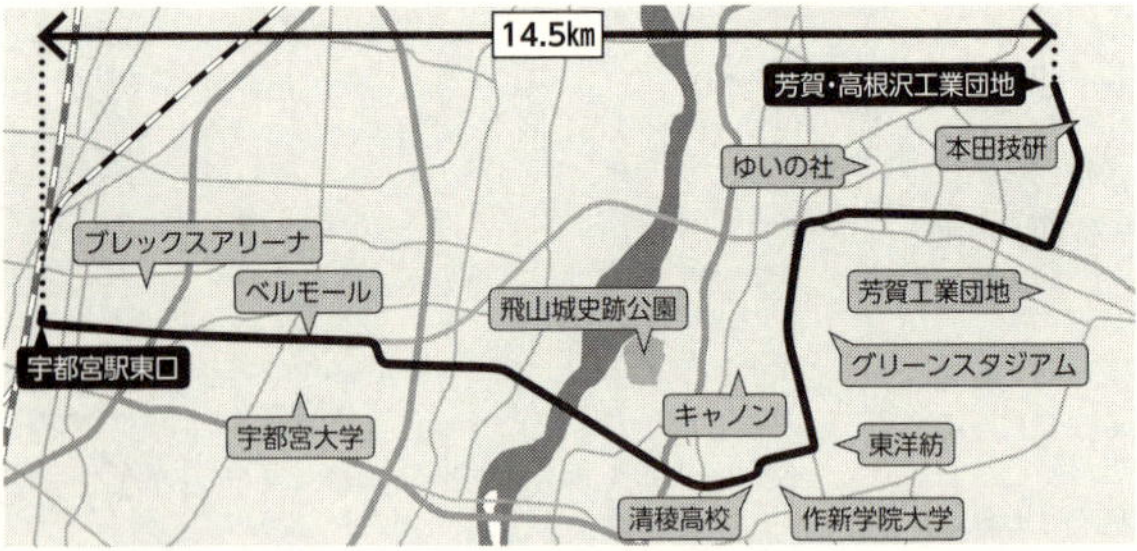

に集約されたことで、道路渋滞の緩和に一定の効果があったと言えよう。

さらに宇都宮ライトレール開業により沿線の地価が向上し、栃木県内で地価の最高価格、最大地価上昇率ともに、ライトレールの起点である宇都宮駅東口近辺となっており、大きな経済効果をもたらしている。

このように、まだ解決すべき課題はあるものの、宇都宮ライトレール本体の利用者数が目標を大きく上回っていることから、この事業は一定の成功を収めたと判断され、宇都宮市は駅西側への延伸計画を具体化する方針を示したのである。

●西側ルートはどこを通る？

宇都宮駅西側へのルートは、既存の宇都宮駅東口停留場から宇都宮駅の北側へと進み、高架線でＪＲ宇都宮線を跨ぎ、新幹線の高架下を抜けて、宇都宮駅西口へ達し、駅前から西に伸びる大通りを通り、栃木県教育会館付近までの約５㎞の区間とされ、停留場は全部で12カ所が予定されている。

ＪＲ宇都宮駅の北側をやや大回りするのはＪＲ宇都宮駅の構造に大幅な変更を加えることなく駅の東西を接続するためであるが、高架線となっていることで、宇都宮駅西口のペデストリアンデッキ上に乗り入れることが可能となる。宇都宮駅の改札からの平面移動でライトレールへの停留場へアクセスできるため、バリアフリーな使いやすいものとなるだろう。

ライトレールが敷設される大通りは、中心地を抜ける目抜き通りであり、二荒山神社といった観光スポット、県庁、市役所や金融機関などの支店が立ち並ぶ。そして、中心地西側には東武宇都宮駅が位置している。ＪＲ宇都宮駅から約２㎞という微妙な距離は交通のネックとなっているが、ライトレールによって２つの駅が結ばれ、利便性の向上が見込まれる。この東武宇都宮駅には、開業区間と同様のトランジットセンターが設置され、交通拠点の一つとなるだろう。東武宇都宮駅は大通りからやや入った場所にある

延伸計画ルート

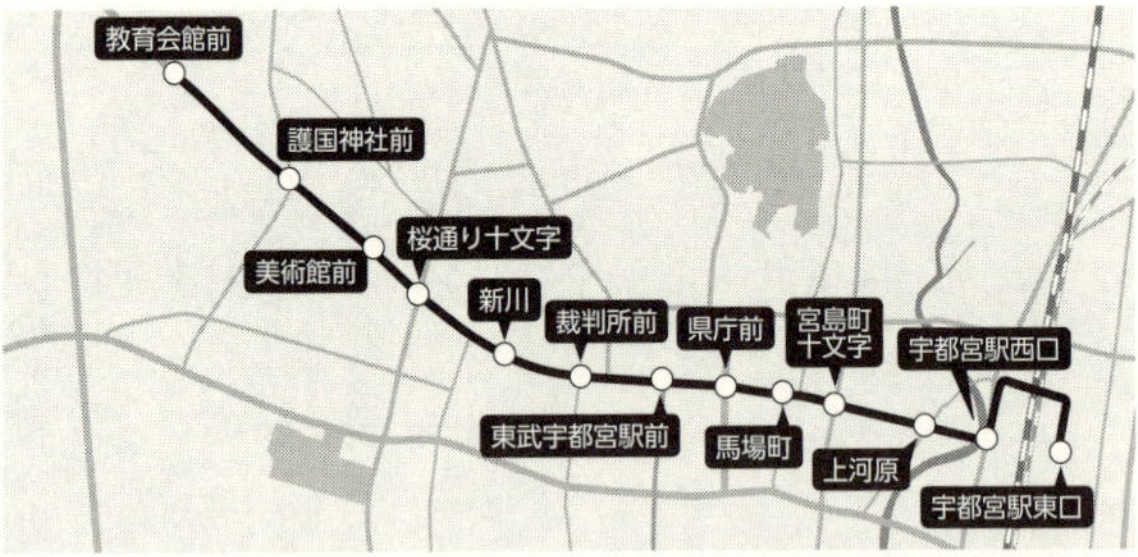

が、トランジットセンターの整備とともに、駅から停留場の一体化が図られるのではなかろうか。

そして、東武宇都宮駅から終点の栃木県教育会館の周辺にかけて多くの高校がある。朝の宇都宮駅西口におけるバスは大変混雑しており、ライトレールの西側延伸によって通勤通学客の集約、混雑の緩和が期待される。

さらに宇都宮市長は大通りをトランジットモール化する計画を明らかにした。トランジットモールとは自家用車の通行を原則禁止し、公共交通機関のみが通行可能な道路で、歩行者に優しい道路空間を実現するために導入されるものだ。トランジットモール化される具体的な区間については言及されていないが、上河原停留場から東武宇都宮駅付近と想定される。ライトレール開業によって、この区間を走るバスの運行本数は大幅に削減できるため、併用軌道のスペースを考えても、歩道を拡張するスペースは十分にあり、歩行者に優しい「ウォーカブルなまちづくり」の実現が可能となる。

ただ、大通りは中心地を抜ける基幹道路であるため、交通量が多く、トランジットモール化された場合、大通りを走る自家用車は迂回を余儀なくされる。それが市民の賛同をどこまで得られるかという懸念は拭えない。

そして、今回計画されているのは栃木県教育会館までの区間だが、人気の観光地である大谷資料館近辺までの延伸も構想にあり、今後の展開によっては、さらなる延伸も見込まれる。

●宇都宮市がライトレールで解決したい課題とは？

宇都宮市は人口分散や商業施設の進出による市内中心地の空洞化という問題を抱えており、この解決策としてネットワーク形コンパクトシティ事業を掲げている。その事業とは公共交通の再編、アクセスの向上により、中心地の活性化を図ることを目的としており、ライトレールはその軸となる交通インフラとの位置付けであり、トランジットモールを走る象徴的な存在となる。ライトレールは宇都宮市街地の未来を変える重要なミッションを担っているわけだ。

一方で、ライトレール西側延伸については反対の声も根強く、車のアクセス制限による中心地衰退の加速、巨額の事業費に対する不安といった意見もある。しかし、こうした声は開業区間建設時にも聞かれ、そうした意見と折り合いをつけつつ、開業にこぎつけたという経緯がある。そして、東側ルートの一定の成功が強い根拠となって、西側への延伸計画が進められており、こうした宇都宮市の強い意志があるからこそ、ゼロからの路線を開業させ、一定の成功を収めることができたのではなかろうか。

宇都宮ライトレールの成功は、地方都市のまちづくりの大きな指針となり、現地には多くの自治体が視察に訪れている。現在進行系のライトレールを軸とした宇都宮市の施策は、地方都市の活性化に向けた大規模なショーケースであり、今後の地域公共交通政策を大きく左右するものとなるだろう。

川口駅への上野東京ライン停車は420億円かけての生き残り施策

京浜東北線の川口駅にホームを増設し、上野東京ラインを停車させる計画がある。駅が立地する埼玉県川口市は建設費用として約420億円を投じるとされているが、川口市には巨額投資に見合うだけのメリットがあるのだろうか？

●川口市の悲願が成就

川口駅に中距離列車を停車させる計画は、2016年、川口市が国土交通大臣に要望を出したことに始まる。JR東日本は技術的には可能としたものの、上野東京ラインや湘南新宿ラインが停車する赤羽駅と1駅しか離れておらず、停車駅の増加に対し懸念を示した。また、JR東日本は川口市に建設費用の全額負担を求めたことから、議論は難航し、その計画は膠着状態となった。

しかしながら川口駅の利用者は年々増加し、駅の混雑緩和は川口市にとって早急に解決すべき問題となった。コロナ禍直近10年間の川口駅の1日平均乗車人員を見ると、2010年度の7万8759人から2019年度には8万4197人と5000人以上増加しており、コロナから完全に回復できていない2023年度でも7万4001人となっている。この数値は埼玉県内のJR東日本の駅では大宮駅、浦和駅に次いで3位だが、大宮駅や浦和駅では上野東京ラインや湘南新宿ラインも停車するのに対し、川口駅に停車するのは京浜東北線のみであり、島式ホーム1本では混雑緩和の根本的な改善が難しい状況となった。

そうした状況を受け、川口市は2022年3月、「川口駅周辺まちづくりビジョン」にて中距離電車の停車に向けたホーム増を盛り込み、議論を再開。そして、同年11月には、JR東日本と川口市が調査に関する協定を締結したことで、具体的な調査が始まり、上野東京ラインの停車実現に向けた動きが本格化した。

川口市は2023年度予算に中距離電車ホーム増設などの調査事業費として7157万円を計上。この調査により、ホーム新設に127億円、駅舎コンコース新設に224億円など、全体で約420億円という建設費用が算出された。川口市では国庫補助を一部利用するものの、建設費用全額を負担する方針が確認され、ここに川口駅に上野東京ラインが停車する計画が具体化した。今後数年内に川口市とＪＲ東日本が基本協定を締結し、ホームが完成するのは２０３７年以降の見込みである。

赤羽駅との近接性を懸念していたＪＲ東日本だが、川口市が工事費用を負担する決定を下したことにより、この計画に合意する見込みだ。川口駅に上野東京ラインが停車することで、所要時間の増加が見込まれるが、そのマイナス面よりも、川口駅に停車させるメリットが大きいと判断したと思われる。また、工事が完了するのは２０３７年頃とかなり先の話であり、ＪＲ東日本は長期的な人口動態や利便性向上、上野東京ライン全体への影響などを考慮した上での決定であろう。

●停車するのは上野東京ラインのみ

川口駅は上野東京ライン、湘南新宿ラインが通過しているが、ホームが設置されるのは上野東京ラインのみである。これには大きく2つの理由があるが、その1つはスペースの問題だ。

川口駅俯瞰図

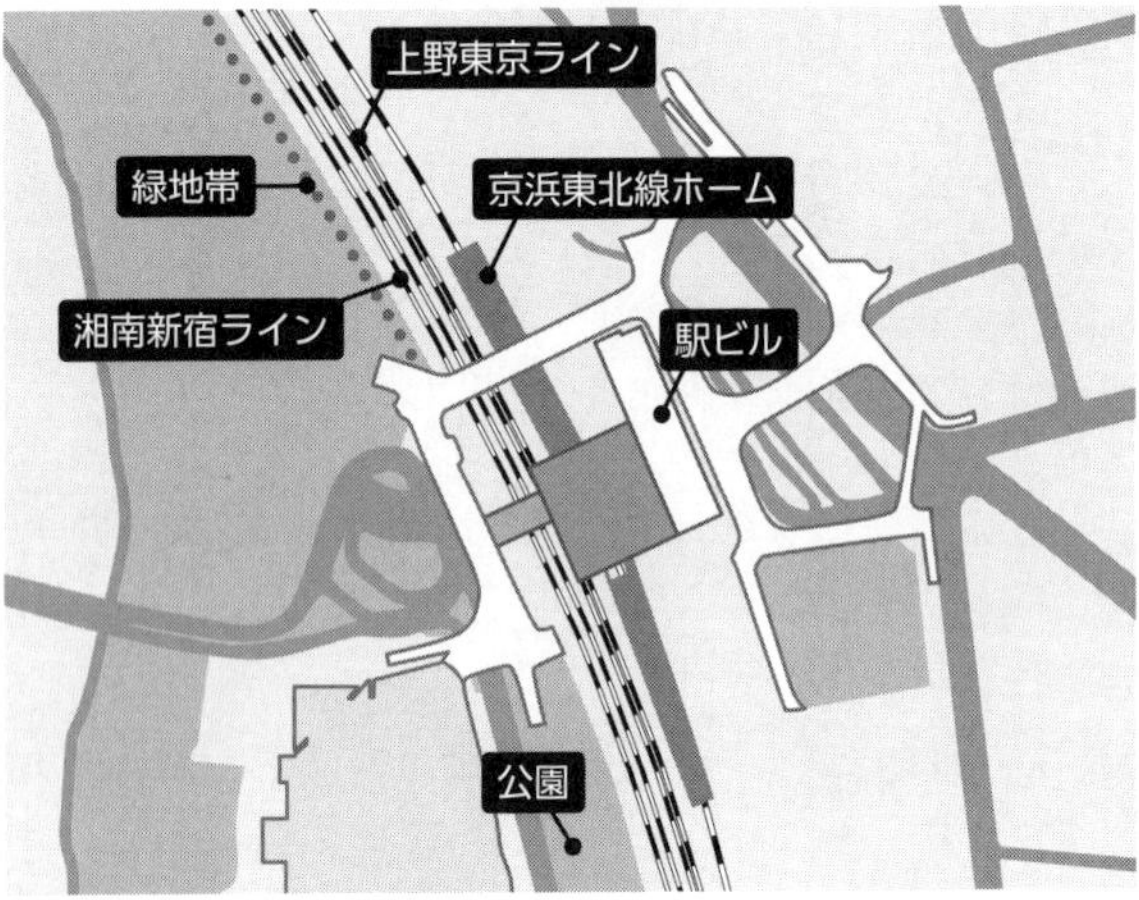

地図にあるように、上野東京ラインは京浜東北線ホームに隣接しているため、改札内のスペース拡張部分を最小化することができる。また、上野東京ラインにホームを建設することで、湘南新宿ラインの線路を移設する必要があるが、そのスペースは駅の西側に隣接する公園や緑地帯といった市有地を転用する。建設費用の問題もあるが、上野東京ラインと湘南新宿ラインの双方にホームを建設するだけの十分な用地がないことも、上野東京ラインのみにホームが建設される理由である。

ただ、湘南新宿ラインではなく上野

東京ラインが選ばれたのはもう1つの理由が大きい。それは上野東京ラインが将来的に羽田空港アクセス線に接続することだ。

現在建設中の羽田空港アクセス線東山手ルートは田町駅で分岐し、羽田空港へと至る路線であるが、田町駅で分岐するのが上野東京ラインである。羽田空港へ乗り入れる列車の本数など詳細はまだ明らかにされていないが、川口駅に上野東京ラインの列車が停車することで、川口駅から羽田空港への直通アクセスが可能となることは間違いない。羽田空港アクセス線は２０３１年度開業予定であり、川口駅の上野東京ラインホームが完成する頃には、すでに運行が始まっているだろう。

●単なるインフラ整備ではない４２０億円投資の価値

川口市の今後10年間の人口推移を見ると微増または横ばいとなっており、そこまで悲観的なものではない。しかしながら、日本全体が人口減少社会へ進む中、各自治体は地域の魅力度向上に努め、住民に選んでもらえる町として、自治体間の住民獲得競争に勝ち抜いていくことが求められる。川口駅に上野東京ラインのホームを建設することは、その流れの中にある。

現在川口駅に停車するのは京浜東北線のみだが、上野東京ラインが停車することで、東京・上野方面や羽田空港へのアクセスが向上し、利用者が２つの路線を選択できることで、駅の混雑緩和が見込まれる。利便性向上による新たな住民の川口市への転入、混雑緩和による快適性の向上により、これまで川口駅を避けてきた潜在的な利用者の掘り起こしにも繋がり、駅周辺人口の増加、それに伴う新規マンション建設や商業施設の増収といった経済効果が期待できる。

このように川口市にとって川口駅の上野東京ライン停車計画は、単なる交通インフラの改善にとどまらず、町の競争力・魅力度を底上げする川口市の未来を見据えた重要な都市計画であり、そこに約４２０億円という巨額投資の価値を見出しているわけだ。

今後の人口減少社会において、川口市のような交通インフラの改善で町の魅力度を向上させる施策は極めて有効だと思われる。しかしながら、川口駅のホーム建設でＪＲ東日本が建設費用の負担をしないように、自治体が要請する「請願駅」では、国からの補助を得ながらの自治体の全額負担が一般的だ。巨額の建設費用を負担できる自治体は限られており、今後自治体間の格差、大都市への人口集中といった問題がさらに大きくなることが懸念される。川口駅の上野東京ライン停車計画には、そうした現在の日本が抱える問題の一端が示されているのだ。

「羽田空港アクセス線」開業でもJRにとって東京モノレールは超重要路線

ＪＲ東日本は羽田空港アクセス線、東山手ラインを２０３１年度に開業する予定である。この路線は田町駅で分岐し、羽田空港と東京駅、上野駅などを直結することで、羽田空港へのアクセスが劇的に向上する見込みである。しかし、この新路線の開業により、同じＪＲ東日本傘下にある東京モノレールに最も大きな影響が及ぶと考えられる。東京モノレールの羽田空港アクセス線開業後の将来について考えてみよう。

●羽田空港アクセス線と完全に競合する？

東京モノレールは浜松町駅と羽田空港を結んでおり、山手線と接続して東京駅や上野駅へのアクセスが可能である。同じ鉄道事業者であれば、京浜急行電鉄が競合となっているが、こちらは品川駅をターミナルとしており、山手線を経由して新宿駅や渋谷駅に通じている。このように、現状、東京モノレールが都心部の東北エリア、京急が南西エリアと一定の棲み分けができている。

しかし、羽田空港アクセス線が開通すれば、この棲み分けの構図が完全に壊れる。羽田アクセス線は山手線の田町駅北側で分岐し、羽田空港の地下に直通する。現在のところ、途中駅は設けられない予定だ。そして、この路線に乗り入れるのは上野東京ラインと考えられており、東京駅や上野駅から羽田空港へ直通できるようになる。そうなれば、現在、東京駅や上野駅から羽田空港への主要アクセスとなっている東京モノレールが所要時間で大きく劣ることになり、利用者数減少は避けられないだろう。

しかし、東京モノレールの親会社は他ならぬＪＲ東日本である。ＪＲ東日本によると、「羽田空港アクセス線の開業により、モノレールへの影響は少なからずあるだろうが、沿線には住宅や企業が増え、空港利用客以外に、通勤の足としての役割も高まってきている」と説明し、両社は共存していけるとの見方を示しているが、果たしてそうなのだろうか？

●東京モノレールの収支は確実に悪化する

現在東京駅から羽田空港の第1または第2ターミナルまで山手線と東京モノレールを利用すると、所要時間は乗り換え時間を含んで約30分、運賃は合計で690円である。羽田空港アクセス線を利用しての東京駅から羽田空港駅への所要時間は約18分とされている。運賃は不明だが、単純に距離で換算すれば、320円となる。ただし、こうした新規路線では建設費用償還のため、加算運賃が適用されることが一般的である。たとえば関西空港線の場合、大阪やなんばから乗車すれば、230円が加算される。仮に羽田空港アクセス線と同等としても、合計は550円となり、東京モノレールよりも安くなる。これはあくまで想定に過ぎないが、現行の山手線と東京モノレールの乗り継ぎの690円とは100円以上の差があり、羽田空港アクセス線の方が所要時間、運賃ともに優位に立つことはほぼ間違いないだろう。

コロナ禍前の2019年度の東京モノレールの収支を見ると、営業収益は144億9

	降車人員					
	定期		定期外		合計	
2.31%	8,937,000	40.04%	12,522,000	43.95%	21,458,000	42.23%
2.43%	3,847,000	17.23%	2,327,000	8.17%	6,174,000	12.15%
4.05%	1,182,000	5.30%	919,000	3.23%	2,100,000	4.13%
7.28%	2,448,000	10.97%	1,365,000	4.79%	3,813,000	7.50%
2.35%	912,000	4.09%	301,000	1.06%	1,212,000	2.39%
0.78%	265,000	1.19%	192,000	0.67%	456,000	0.90%
5.32%	1,857,000	8.32%	228,000	0.80%	2,085,000	4.10%
3.66%	280,000	1.25%	1,548,000	5.43%	1,827,000	3.60%
1.60%	391,000	1.75%	716,000	2.51%	1,107,000	2.18%
9.67%	862,000	3.86%	4,306,000	15.11%	5,168,000	10.17%
0.55%	1,341,000	6.01%	4,068,000	14.28%	5,409,000	10.65%
	22,322,000		28,492,000		50,809,000	
	43.93%		56.08%			

５００万円。それに対して、営業費用は１３１億９４００万円。営業利益は約13億円である。この数字には周辺事業の収益は含まれておらず、ほぼ運賃収入であるが、問題はこれがどの程度減るかということだ。

東京都の統計にある、２０１９年度の東京モノレール各駅の乗降人員を見ると、定期券利用者と定期外に分けられているが、この定期券利用者が通勤需要と考えて良いだろう。その数字を元にすると、定期券利用者は全体の約44%となっている。実際に筆者は平日朝に浜松町駅から東京モノレールに乗車したが、天王洲アイルや流通センターへは多くの通勤客が見られた。ただ、

東京モノレール各駅年間乗降人員（2019年）

	乗車人員				
	定期		定期外		合計
モノレール浜松町	8,937,000	40.04%	12,562,000	44.09%	21,499,0
天王洲アイル	3,847,000	17.23%	2,471,000	8.67%	6,317,0
大井競馬場前	1,182,000	5.30%	876,000	3.07%	2,058,0
流通センター	2,448,000	10.97%	1,250,000	4.39%	3,699,0
昭和島	912,000	4.09%	280,000	0.98%	1,192,0
整備場	265,000	1.19%	134,000	0.47%	398,0
天空橋	1,857,000	8.32%	844,000	2.96%	2,701,0
羽田空港第3ターミナル	280,000	1.25%	1,580,000	5.55%	1,860,0
新整備場	391,000	1.75%	422,000	1.48%	813,0
羽田空港第1ターミナル	862,000	3.86%	4,053,000	14.23%	4,915,0
羽田空港第2ターミナル	1,341,000	6.01%	4,017,000	14.10%	5,358,0
合計	22,322,000		28,489,000		50,810,0
全体に対する割合	43.93%		56.07%		

通勤需要には羽田空港第1ターミナルと第2ターミナルへの定期券利用者が10%ほど含まれており、これらはJRの羽田空港アクセス線が完成すると、一定程度そちらに流れる可能性がある。

　このように、羽田空港アクセス線開業後、東京モノレールの主な役割となる通勤需要は利用者全体の半分以下であり、東京モノレールの利用者の減少が予想される。それにも関わらず、東京モノレールの親会社であるJR東日本が羽田空港アクセス線の建設を進める理由は2つあると考えられる。

　1つはライバルの京急の動きだ。

　京急は羽田空港駅に引き上げ線を建設し、

運行本数拡大を目指している。

他にも京急新宿駅のホーム拡張、蒲田駅と京急蒲田駅を結ぶ東急蒲蒲線、品川駅への東京メトロの新線計画など、品川駅を起点とする京急に有利なプロジェクトが進行中だ。JR東日本が東京モノレールだけで現状に甘んじていては遅れを取ってしまうことは間違いなく、東京駅から羽田空港へ直結する羽田空港アクセス線が必要だと考えられる。

●浜松町開発計画に東京モノレールは絶対に必要

2つ目の理由が浜松町で進む「浜松町駅西口地区開発計画」と「芝浦一丁目プロジェクト」がJR東日本にとって重要な意味を持つからだ。

浜松町駅西口地区開発計画とは、駅西側の世界貿易センタービルディング本館の建替えを始めとした再整備計画で、2018年、地上29階建ての日本生命浜松町クレアタワー、2021年には地上38階建ての南館が2021年に完成。地上46階建ての本館、同じく地上46階建ての複合施設となる「WORLD TOWER RESIDENCE」が建設中で、2026年から27年にかけて順次開業予定となっている。

ＪＲ東日本とその子会社である東京モノレールはこの開発事業に参画しており、本館と隣接したターミナル部分では商業施設やオフィススペースといった事業展開が予定されている。

そして、浜松町駅の南東に位置する浜松町ビルディングの建て替えを中心とするのが「芝浦プロジェクト」だ。かつてのカートレイン乗降跡地の用地も含め、高さ２３０ｍのツインタワーの建設が予定されており、最高級ホテルの１つとして知られているフェアモントが進出する予定だ。そして、こちらも野村不動産とＪＲ東日本の共同開発となっている。

このように、浜松町駅周辺は東京の新たな国際的な拠点となるべく巨大プロジェクトが進行中である。その浜松町に羽田空港と直結する東京モノレールは、プロジェクトの一翼を担うＪＲ東日本にとって絶対に必要なツールであり、羽田空港アクセス線とは別の価値を持つのである。

大江戸線延伸がもたらす影響とは？

東京都営地下鉄大江戸線には、終点の光が丘駅から東所沢駅までの延伸構想があるが、その計画は遅々として進んでいない。長年その延伸を阻むものとは、一体何なのだろうか？

●なぜ延伸が必要なのか？

大江戸線の延伸ルートは終点光が丘駅から、練馬区内の大泉学園町、埼玉県新座市、東京都清瀬市を経由して、所沢市の武蔵野線東所沢駅までの区間が想定されている。この延伸ルートは東武東上線と西武池袋線に挟まれた地域に位置しており、特に新座市の中央部では、鉄道の利便性に大きな課題を抱えている。

また、既存の鉄道駅の１㎞圏内に入らない地域は「鉄道空白地帯」と呼ばれるが、練馬区内の延伸部は、東京23区内では数少ない鉄道空白地帯となっており、その解消が求められてきたわけだ。

　こうした課題を解決すべく、延伸部にあたる練馬区、新座市、清瀬市、所沢市では都市高速鉄道12号線（大江戸線）延伸促進協議会を結成し、地域の交通利便性の大幅な向上を求め、延伸の実現に向けての活動を行ってきた。

●2つの区間で明暗分かれる延伸構想

　２０２４年現在、大江戸線延伸計画は光が丘駅から練馬区内の大泉学園町駅（仮称）までの区間と、残る東所沢駅までの２つの区間に分けられており、進捗状況が大きく異なる。

　それは、これまでの答申で明確に記されており、２０００年の運輸政策審議会答申第18号では、光が丘～大泉学園町間について「２０１５年までに整備着手することが適当である路線」、大泉学園町～武蔵野線方面間について「今後整備について検討すべき路線」として位置付けられた。

　続く２０１６年４月20日の交通政策審議会答申第１９８号「東京圏における今後の都

都営大江戸線の延伸区間

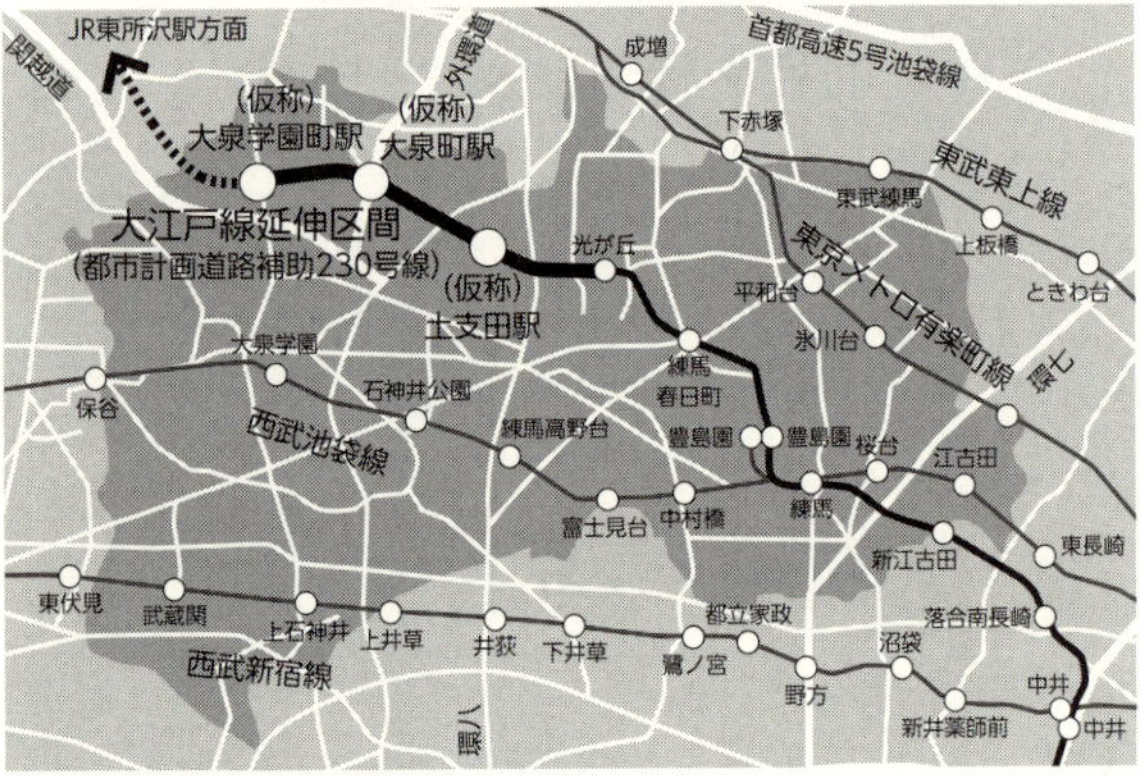

出所：練馬区「大江戸線延伸に関する現状」

市鉄道のあり方について」においては、「光が丘から大泉学園町までの延伸については、導入空間となりうる道路整備が進んでおり、事業化に向けて関係地方公共団体・鉄道事業者等において、費用負担のあり方等について合意形成を進めるべき」と、事業化に向けた具体的な議論が求められた。

　その一方、「大泉学園町から東所沢までの延伸については、事業性に課題があり、関係地方公共団体等において、事業性の確保に必要な沿線開発の取組等を進めた上で、事業主体を含めた事業計画について十分な検討が行われることが期待されている」と、かなり抑えた表現に留まっている。

これを受けて、東京都は２０２３年3月に東京都副知事をトップとする「大江戸線延伸にかかる庁内検討プロジェクトチーム」を立ち上げ、２０２４年に公表された「『未来の東京』戦略version up 2024」では、大江戸線延伸部、光が丘駅～大泉学園町駅は「都心・多摩の鉄道ネットワークの強化」に掲げられた９つの路線の１つにリストアップされた。

９つの路線にはＪR東日本が建設中の羽田空港アクセス線や地下鉄南北線の品川駅延伸など、すでに着工されたものや、事業化手続き中のものが並び、大江戸線、光が丘駅～大泉学園町駅の実現性の高さをうかがい知ることができる。

●大江戸線延伸部の着工は道路整備次第？

練馬区は、２０１１年から大江戸線延伸推進基金の積み立てを開始。２０２４年度には80億円に達し、今後も積み立てが続けられるなど、着工に向けての並々ならぬ意欲を見せている。

延伸部は光が丘駅から大泉学園町（仮称）の３・２㎞。途中駅として、土支田駅（仮称)、大泉町駅(仮称)の設置も想定されているなど、その計画はより具体的なものとなっており、その機運は十分に醸成されているが、光が丘駅〜大泉学園町駅はまだ事業化されていない。その理由は道路整備が進まないためだ。

地下鉄を建設するのに、なぜ道路が関係しているのかと思われるかもしれないが、地下鉄は幹線道路の地下を通ることが多い。それは地下の建設現場へアクセスする開口部を作り、建設資材などの搬入・搬出を行うには公有地である道路上が適当だからだ。道路上でそうした風景を見かけたことがある方も多いだろう。

先に紹介した答申にも、導入空間となりうる道路整備の進行が事業化に向けての好条件と捉えられており、この道路整備と大江戸線延伸が密接に結びついていることがわかる。ところが、その延伸部に整備中の「都市計画道路補助230号」と呼ばれる道路はまだ完成しておらず、用地買収中の区間が残っている状態だ。

そして、練馬区はこの道路整備にあわせ、沿道地域における都市計画を決定しており、「無秩序な市街化を防ぎつつ店舗と住宅が調和した土地利用の誘導を図るとともに、緑豊かで景観に配慮した良好かつ災害に強い街並み形成を図る」としている。

この都市計画の中で重要な役割を持つのが、大江戸線延伸部の新駅であり、交通広場の整備や商業施設の集約など、地域の拠点の役割が期待されている。つまり、地下鉄延伸部着工のためには、道路整備が前提となっているわけだ。

●厳しい状況に置かれる大泉学園町駅から先の延伸

答申にも記されているように、大泉学園町～東所沢の延伸については、事業性に課題があるとされており、事業性の確保に必要な沿線開発の取組等などが必要とされている。

市内中央部が鉄道空白地帯となっている埼玉県新座市では、大江戸線延伸にかける期待が大きく、第4次新座市基本構想総合振興計画の中で3つの重点戦略の1つ（「新たな視点による都市づくり」）に、大江戸線の延伸を位置付け、延伸部の駅を中心としたまちづくり構想を策定するなど、積極的な取り組みが続けられている。

新座市の将来人口推計を見ると、2025年までは増加するものの、その後は緩やかな減少が予想されている。このデータには2つの見方があり、1つは人口が減るとさらに事業性が低くなるというもの。もう1つは、人口を減少させないためにも、町の魅力度を向上させるツールとして大江戸線の沿線が必要不可欠というものだ。

大江戸線延伸を契機に都心直結の新しいまちを整備し、転入人口を増加に転じさせるというのが新座市の狙いであるが、学校や企業の誘致など、地下鉄駅以外の新しいまちの核となるものが必要だろう。

人口減少社会において、各自治体は魅力度を高め、住んでもらえる場所になるべく、しのぎを削っている。大江戸線延伸の事例は、交通インフラの整備が、生き残りをかけた戦いに勝ち抜くため、自治体にとって重要なツールとなっていることが示されており、この戦いは今後さらにシビアなものとなっていくだろう。

成田空港拡張計画で成田空港駅の統合と複線化を検討?

成田空港では国際空港としての競争力強化のため、滑走路の増設やターミナルの集約など、空港施設の大規模な拡張計画が検討されている。それに伴い成田空港への鉄道アクセスの拡充も検討事項に挙げられ、空港駅の統合や空港アクセス線の複線化が提案されている。その計画の可能性について考えてみたい。

●発着回数大幅増加へ――成田空港の拡張計画

現在の成田空港には、ターミナル1（次ページの図ではT1と表示）、ターミナル2、ターミナル3（次ページの図では2と3を合わせてT2・3と表示）と3つのターミナルがあり、フライトが発着する滑走路を見ると、現在、A滑走路とB滑走路の2本が運用されている。

しかし、東アジア全体でも国際空港の競争が激化する中、成田空港の機能強化、発着便数増加を実現すべく、空港施設の大幅な改修が検討されてきた。それが滑走路の延長と新設、ターミナル統合である。

現在のB滑走路は2500m級であるため、これを1000m延伸、幅員を60mとした3500m級とすることで、その汎用性を高める。さらに、C滑走路として3500mの滑走路をもう1本新設し、離着陸回数の増加に対応する。

そして、現在3つに分かれているターミナルビルを1つに集約し、成田空港全体の運

A・B滑走路の位置とC滑走路の予定地

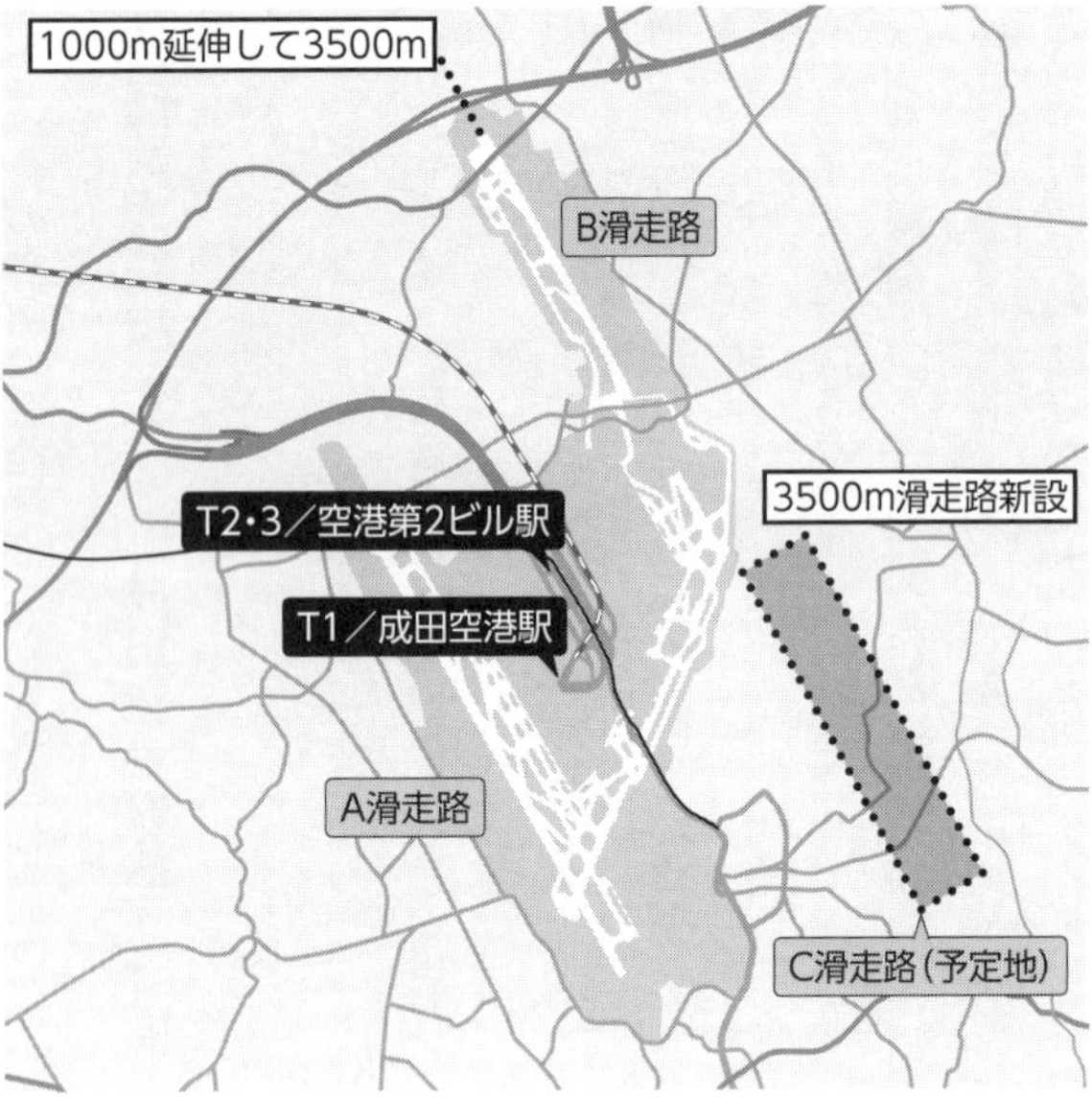

用効率を高める。ターミナルを集約することで、国際線のトランジット客のターミナル間での移動が不要となり、利便性向上を図ることができるのもメリットである。さらに、ターミナル1は運用開始から40年以上が経過し、ターミナル2もすでに30年が経過しているため、集約によりリニューアルが図れることも重要なポイントである。

このような滑走路の新設、

空港全体の面積拡張、運用の効率化により、発着回数を年間50万回まで拡大することを目標としている。2023年の年間発着回数は約21万回であるから、その目標は倍以上という意欲的なものだ。

●ターミナル統合で変わる成田空港線

3つのターミナルを集約した新しいターミナルビルはターミナル1と2の間に建設されることが計画されている。これにより、既存の成田空港駅は廃止され、新ターミナルビルの地下に新設されることが検討されている。

成田空港へと至る路線（以下、「空港アクセス線」と呼ぶ）には、京成電鉄とJR東日本が乗り入れているが、線路施設を保有するのは、第三セクターの成田空港高速鉄道である。成田空港高速鉄道は京成電鉄とJR東日本を筆頭株主として、成田国際空港株式会社、ANAホールディングスなどが株主に名を連ねているが、空港アクセス線の運行本数増加については、発着回数50万回を目指す成田国際空港株式会社が強く要望している状況である。その解決策として提案されているのが、空港アクセス線の複線化であ

新駅と新ターミナルビルの予定地

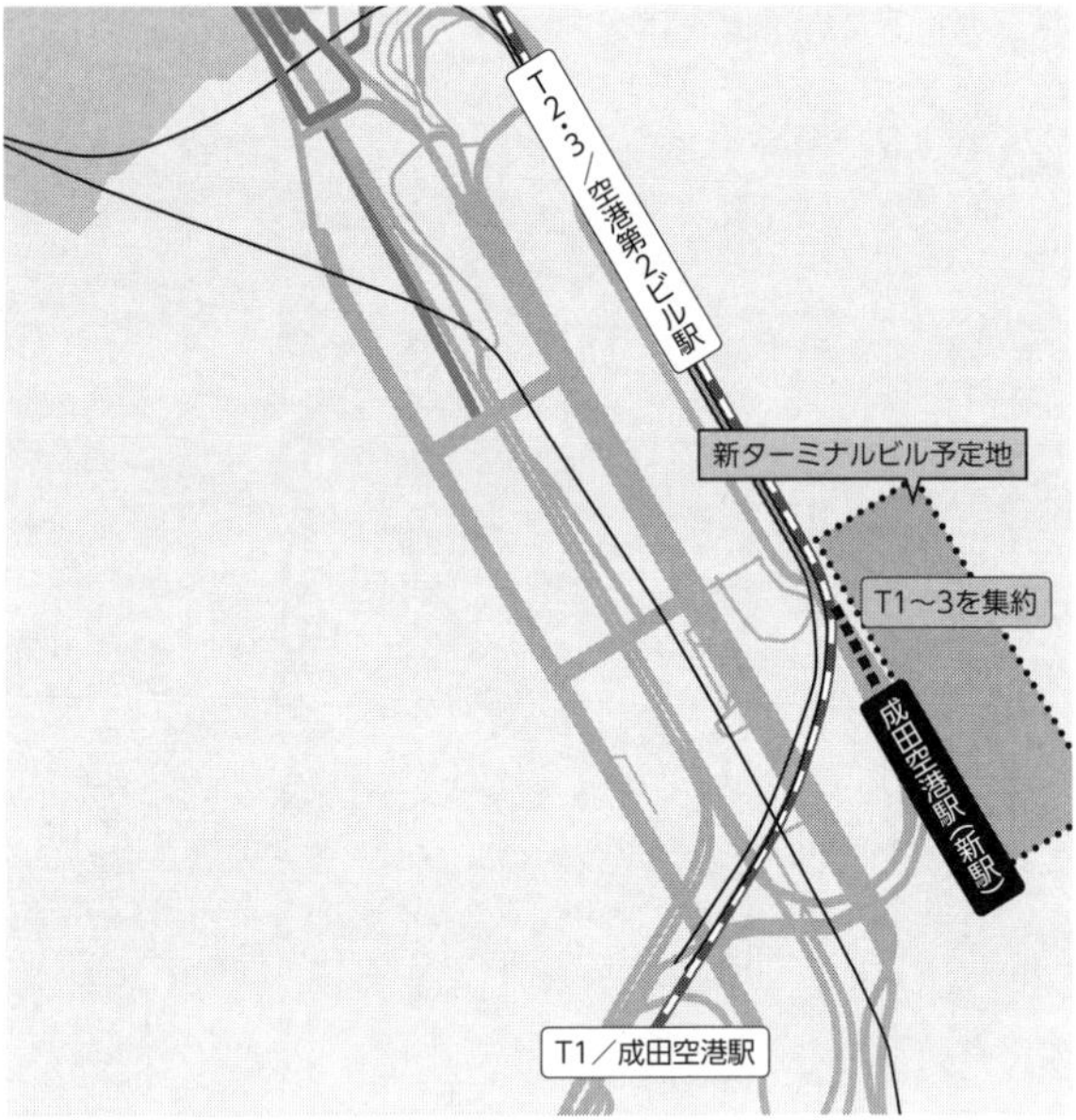

る。

　現在の空港アクセス線は線路が2つ並び、すでに複線化されているように見える。しかし、これはJR東日本と京成電鉄それぞれの路線が単線で並列しているもので、JR東日本が狭軌1067㎜、京成電鉄が標準軌1435㎜と線路幅が異なることが理由だ。関西空港に乗り入れるJR西日本と南海電鉄のように、同じ狭軌路線であれば、複線として同じ線路施設を共有することが可能だが、ＪＲ東日本と京成電鉄ではそれができない。

そのため、空港アクセス線で運行本数を増やすためには、それぞれの路線の複線化が必要となるわけだ。

●ＪＲ東日本と京成電鉄の温度差

空港アクセス線の複線化を考えた場合、この路線の周辺には田畑やゴルフ場が広がり、住居も少ないため、都心部を走る路線とは異なり、用地確保のハードルは低い。しかし、路線距離は約10㎞に及び、その事業費はかなり大きなものとなり、その費用捻出が大きな問題となる。

成田市は国家戦略特区に指定されており、成田空港のアクセス強化は国家プロジェクトとしての意義もあり、国からの補助金が得やすい状況にある。しかし、それでも成田空港高速鉄道の主要株主であり、列車の運行会社でもある京成電鉄とＪＲ東日本、運行本数増加を要望する成田国際空港株式会社にはそれなりの負担が求められるだろう。

そこで問題となるのは、京成電鉄とＪＲ東日本では成田空港アクセス線の重要性が異なる点である。例えば、日中の運行本数を比較すると、ＪＲ東日本の成田エクスプレスは1時間に1～2本、快速も同じく1時間に1～2本である一方、京成電鉄はスカイライナーが1時間に3本、アクセス特急が1本から2本、本線系統の快速が1時間に3本運行と、その運行本数には大きな違いがある。

駅の規模を見ても、ＪＲ東日本の空港第2ビル駅は一面一線であり、終点の成田空港駅も島式ホームの一面二線と比較的小規模である。対して、京成電鉄の空港第2ビル駅は島式ホームの一面二線、終点の成田空港駅は二面三線であるが、運行本数の多さから、番線を五つに分けるほど、複雑な運用を行っている状態である。

また、京成電鉄はスカイライナーを看板列車として専用車両で高頻度で運行しているのに対し、ＪＲ東日本は成田エクスプレスの専用車両として開発されたＥ２５９系からN'EXの文字を消し、房総特急など他の路線でも運用可能とするなど、空港アクセス特急に対するブランディングに消極的になりつつある。

このように、空港アクセス線に対する両社の注力の度合いは大きく異なるが、それは

ＪＲ東日本が広範な運行エリアを持ち、京成電鉄に比べ、成田空港へのアクセス路線への優先順位が低く、特定の路線に対する経営資源の集中度が低いことに起因していると考えられる。

空港と都心を結ぶ鉄道アクセスの拡充は成田空港の拡張計画に向けて欠かせないものだろう。しかし、ＪＲ東日本の現状を見ると、複線化への同意を得ることは簡単ではなく、成田空港へのアクセス路線において、かなり積極的な京成電鉄にとっても、複線化事業は大きな投資となるため、その決断には慎重にならざるを得ない。

成田空港会社は、目標とする年間50万回の発着回数の達成への道筋をより明確に示すことが必要である。そして、複線化工事への投資に見合うだけの輸送量の増加が見込めれば、ＪＲ東日本、京成電鉄の協力を得ることもできるだろう。

成田空港のさらなる発展は、日本国内のみならず、東アジアにおいても、国際空港としての地位を確固たるものにする。鉄道会社がその一翼を担い、経営上の大きなメリットとなるよう、関係者が一致団結しての取り組みに期待したい。

大出世を果たした新横浜駅
さらなる躍進を続けられるのか？

のぞみの全列車が停車する東海道新幹線の基幹駅の一つとなり、新横浜都心として横浜市における大変重要な位置を占めるまでになった新横浜。２０２３年3月には、相鉄東急直通線も開業し、これまで以上の発展が期待されるが、新横浜という場所は以前からこのように栄えていたわけではない。新横浜駅はどのように発展を遂げたのか？　また、今後も発展を続けられるのだろうか？

●開業当時は田畑が広がるのどかな場所

新横浜駅は１９６４年10月１日に東海道新幹線の開業とともに国鉄横浜線との交差点に設置された。当時の横浜線は単線であり、駅周辺には田畑が広がるだけであった。

しかし、１９７６年7月１日、当時こだましか停車しなかった新横浜駅はひかりの停車駅となった。当時の新横浜駅周辺はまだ開発が進んでいない状態だったが、ひかりは当時の最速列車であり、その停車は駅の重要性が増したことを示している。

１９８５年３月14日には横浜市営地下鉄３号線が横浜駅から延伸開業し、新横浜駅は地下鉄の終着駅となると、横浜中心街とのアクセスが格段に向上し、新横浜駅周辺地区への企業やホテルの進出が本格化する。

１９８７年４月１日、国鉄の分割民営化が行われ、新幹線はＪＲ東海、横浜線はＪＲ東日本が継承した。民営化後、ＪＲ各社による新横浜駅の利便性向上施策は目覚ましいものがあり、１９８８年３月13日、ＪＲ東日本横浜線に快速を設定し、新横浜駅はその停車駅となり、１９９２年３月４日には東海道新幹線の新しい最速列車「のぞみ」が設定され、一部列車は新横浜駅に停車するなど、新横浜駅の重要性はますます高まった。

一方、駅周辺では１９８９年４月１日には横浜アリーナがオープンするなど、さらなる開発が進み、１９９６年、横浜市は「新横浜都心基本構想検討委員会」を立ち上げ、新横浜駅周辺地区の開発が積極的に進められていくこととなった。

１９９８年には２００２年ワールドカップに向けて横浜国際総合競技場（現・日産スタジアム）がオープンし、新横浜駅はワールドカップの際に重要な玄関口として機能するとともに、その知名度を高める効果をもたらした。

そして、2008年3月15日のダイヤ改正にて、新横浜駅はのぞみ全列車停車駅へと昇格。これにより、名実ともに東海道新幹線の基幹駅の一つとしての地位を確立するに至ったわけだ。

2023年3月18日、相鉄・東急新横浜線が開業。これまで新幹線駅へのアクセスに難があった田園調布などの東急沿線の多くの駅や、相鉄沿線から新横浜駅への所要時間が大幅に短縮され、新横浜駅の交通のハブとしての機能性が格段に向上した。

このように新横浜駅は1964年の開業から現在まで、数々の重要な節目を迎えながら発展を続け、現在では横浜市のツインコアの一つとして「新横浜都心」に位置づけられるまでになったが、新横浜駅周辺では深刻な課題も抱えている。

●実は歪な新横浜都心の開発

新横浜駅周辺の開発には、実は非常に偏った面がある。それは、開発がほぼ100%駅の北側で行われている点だ。駅ビルである「キュービックプラザ新横浜」を中心とした北側の周辺地区では、プリンスホテルなど多くの高層ビルが立ち並び、まさに新横浜都心を象徴する景観が広がっている。

一方、駅の南側はほとんど開発されておらず、篠原口と呼ばれる在来線改札は新横浜駅の主要な改札口とは思えないほど小さい。駅を出ると、北側とは対照的な風景が広がり、自転車置き場とアパートが目立ち、商業施設と呼べるものはコンビニくらいしか見当たらないという、昭和の頃からあまり変わっていないような状況には驚きを隠せない。なぜこのような違いが生じたのだろうか？

その理由は、横浜市は1994年、新横浜駅篠原口側の再開発として、「新横浜駅南部地区土地区画整理事業」を決定したが、新横浜駅南側一帯の地権者と市の間で意見が一致せず、その開発計画を進めることができず、暗礁に乗り上げた状態が続いたからだ。

2003年には、その事業計画が失効するに至ったが、これに代わる新たな都市計画がないため、事業計画は失効したものの、都市計画は放棄されていない。そのため、現在も周辺地域では、建物の高さを12メートルまでに制限するなどの建築規制がかかっており、新たなまちづくりも進められないため、駅周辺の道路も狭く、利便性や使い勝手が悪い状態が続いている。

このような状況を打破すべく、横浜市と周辺地権者の間で合意形成に向けた話し合いが進められている。地権者有志で結成された新横浜駅南口駅前地区市街地再開発準備組合は、駅前地区の開発整備に向けて動き始めた。この再開発準備組合は2019年に日鉄興和不動産と東急電鉄の2社を共同事業体として選択し、事業計画の推進に向けて具体的な動きを見せている。

この都市計画の対象地域は、広さが東京ドーム8個分に相当する広大なエリアだ。駅前には北口にあるキュービックプラザ新横浜のような規模の駅ビルも構想に含まれており、これが実現すれば新横浜駅はさらなる発展を遂げることになるだろう。

再開発が進めば、南側も北側同様に商業施設やオフィスビルが立ち並ぶ活気あるエリアとなり、利便性も大幅に向上することが期待される。現在の偏った開発状況が是正され、駅全体が均衡の取れた発展を遂げることは、新横浜都心のさらなる活性化にもつながるだろう。

●リニア開業で役割が変わる？

東海道新幹線が担う東名阪の高速流動はリニア中央新幹線が開業すれば、そちらに取って代わられる。神奈川県内でリニア中央新幹線の駅が設置されるのは相模原市の橋本駅となり、新横浜駅の重要性が低下することは間違いないだろう。

しかし、リニア中央新幹線の建設は予定より遅れており、名古屋駅までの開業時期ですら、見通すことが出来ない状態である。しかも、本領発揮となる新大阪駅までの全線開業となると、２０４０年代にずれ込む公算が高い。つまり、新横浜駅の交通のハブとしての重要性はしばらく変わらない。

新横浜駅には南口の開発といった伸びしろもあり、まだ大きな可能性が秘められている。リニア開業までの間に、駅の南北両側がバランスよく発展することで、新横浜駅は横浜市の交通の要衝としての機能のみならず、駅周辺が多くの人々に利用される魅力的なエリアとなることも十分に考えられる。

横浜市と地権者の協力が実を結び、駅周辺の景観が一新される日を心待ちにしたい。

品川～名古屋を最短で結ぶリニア中央新幹線途中駅周辺に与える影響とは？

リニア中央新幹線は東京、名古屋、大阪の3都市を最短で結ぶルートであり、現在品川駅と名古屋駅の区間で建設中であるが、この区間では神奈川、山梨、長野、岐阜の4県にも駅が設置される。これらの途中駅はあまり注目されていないが、実際にリニア中央新幹線が開業すれば、どのような影響があるのだろうか？

●「第二の新横浜」に？――橋本駅隣接で建設される神奈川県駅

リニア神奈川県駅はJR東日本の横浜線と相模線、京王電鉄相模原線が乗り入れる橋本駅に隣接した場所で建設中である。橋本駅は横浜市、川崎市に次ぐ県内3番目の人口規模を持つ相模原市に位置しており、県北の交通の要衝としての役割を担っている。

2023年度橋本駅における1日平均乗車人員総数は約10万人なのに対し、同じ横浜線の新横浜駅の乗車人員総数は約18万人とされている。新横浜駅には横浜線以外にも、

リニア中央新幹線の予想路線図

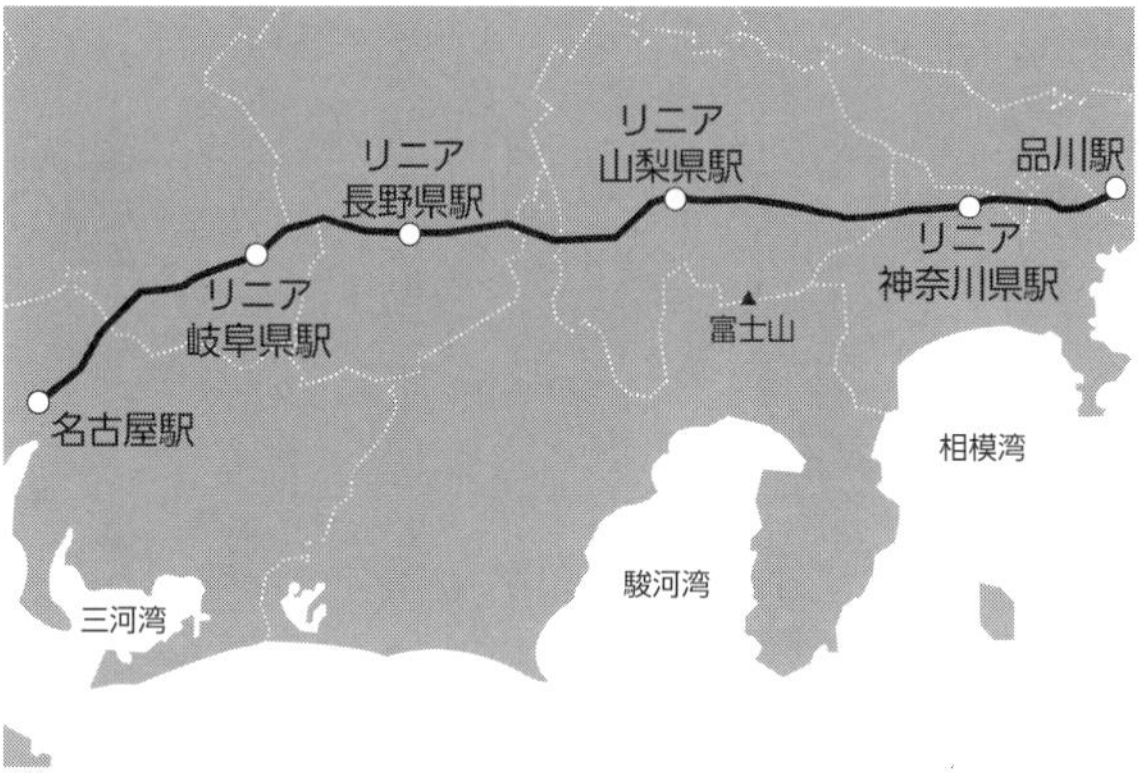

東海道新幹線、横浜市営地下鉄、東急・相鉄新横浜線と数多くの路線が乗り入れるためだが、その差は約8万人と大きな差が開いている。

しかしながら、リニア中央新幹線開業後、現在新横浜駅から名古屋駅まで東海道新幹線を利用している乗客の多くは神奈川県駅からリニア乗車を選択する可能性が高い。将来的にリニアが新大阪駅まで延伸すれば、さらに多くの乗客がリニアを選択するだろう。新横浜駅における東海道新幹線の1日平均乗車人員は約3万人。この多くがリニアに転移すれば、リニア駅とその乗換駅となる橋本駅の乗車人員の総数は新横浜駅とほぼ同程度となることも十分に考えられる。

東海道新幹線開業時、新横浜駅周辺は田畑が広がり何もない地域だったが、今や新横浜都心と呼ばれる拠点となったことは前項で解説したとおりだ。リニア開業に合わせ大規模な開発が進む橋本駅にも神奈川県第三都心となる未来が待っているかもしれない。

●在来線と接続しないが高速道路とは直結する山梨県駅

リニア山梨県駅は甲府駅の南、約7kmのところに設置される。最も近い駅は身延線の小井川駅だが、西に約3km離れており、徒歩での乗換駅として想定されておらず、シャトルバスの運行が検討されている。

駅の周辺は田畑が広がる何も無い場所だが、山梨県が公表した「リニア山梨県駅前エリアのまちづくり基本方針」によると、駅北側に交通広場の整備、隣接する中央自動車道にスマートICと駐車場の整備、駅の南側では、民間活用ゾーンと公的活用ゾーンに分けての開発がそれぞれ検討されているが、注目はスマートIC整備による高速鉄道と高速道路の結節であろう。新幹線駅近隣に高速道路のICがあるケースは見られるが、このようにダイレクトに接続する前例はない。

リニアによって品川駅まで約25分で結ばれることになり、都心へ現実的な通勤圏となる。高速道路とリニアの結節により、この駅の周辺ではクルマ+リニアが新しい通勤スタイルとなるかもしれない。

●陸の孤島からの脱却――飯田線と交差するのに接続しない長野県駅

長野県駅は飯田市内に建設され、飯田線の元善光寺駅から約1㎞南に位置する。駅は飯田線と交差する形になり、新たな駅の建設は構想もあるが、具体化には至っていない。

飯田市は県内で5番目に大きな都市だが、他の4都市のうち長野市、上田市、佐久市は北陸新幹線、松本市は特急あずさが高頻度で運行され、首都圏とのアクセスが確立されているのに対し、飯田市は東海道新幹線と特急伊那路の乗り継ぎ、または高速バス利用となる。しかし、どちらも所要時間は4時間以上かかり、交通アクセスに難を抱える飯田市を中心とした長野県南部は「陸の孤島」と揶揄されることもある。

しかし、リニア開業により、品川へは所要時間約45分、名古屋へ約27分と飯田市の交通アクセスは劇的に改善される。駅の周辺には約５００台分の駐車場の整備が計画されており、この駅は地元にとってはまさに悲願のものと言って良いだろう。

一方で山梨県駅もそうだが、リニア中央新幹線の建設主体たるＪＲ東海が在来線との接続をあまり重要視していない。高速道路や駐車場の整備が重要視されるのは地方都市における車中心の社会を考えた場合、致し方ないが、鉄道ファンとしては寂しい思いを禁じ得ない。

●岐阜県なのに名古屋のほうが近い？——美乃坂本駅横で建設中の岐阜県駅

岐阜県に建設される駅は中央本線の中津川市内の美乃坂本駅の北側に建設中だ。普通列車しか停車しない小さな駅であり、周辺にはコンビニもなく、少し離れたところには田畑も広がるような場所だが、リニア駅によって周辺環境は激変する。

リニア開通により名古屋駅まで13分と、中央本線快速列車に比べ、所要時間は5分の1以下に短縮される。さらに品川駅へも58分となり、リニア運賃との比較になるが、都心に住むよりも安いとなれば、東京ですら通勤通学圏内となり得る。

そして、この駅の東側にはリニア中央新幹線の中部総合車両基地が設置される。大きな雇用が生まれる可能性もあり、この地域に大きな経済効果をもたらすであろう。

また、隣接する中津川駅は人気の観光スポットである中山道馬籠宿への玄関口として知られており、東京からの所要時間が劇的に短縮されるのは、大きなメリットである。さらにお隣の恵那市でもリニア開業にも合わせ、恵那駅を起点とする明知鉄道への誘客を図るべく、ＳＬ列車運行が検討されているなど、観光面でも大きな期待を抱かせる。

一方で、中津川市は岐阜県東端に位置しており、特に県都岐阜市からは名古屋駅のほうが近い。そのため、岐阜県全体への経済効果は限定的であり、いかにその経済効果を波及させるかが課題である。

その解決策の一つが飛騨地方との連携である。馬籠宿は県内観光地の入込客数ではベスト10にも入っていないのに対し、飛騨地方の高山、下呂ともにベスト10にランクされる。かつて新宿から中津川を経由し、下呂温泉への高速バスが運行されていたが廃止され、現在は中津川から下呂温泉に向かうには路線バスを乗り継ぐ必要がある。リニア中央新幹線開業に際し、リニア駅から下呂温泉へと向かうバスルートを復活させ、この駅を岐阜県の新たな玄関口に据えたいところである。

　このようにリニア中央新幹線の中間駅を持つ自治体はその効果に大小はあるものの、各自治体は大きな期待を寄せている。しかし、リニア中央新幹線は各所での工事の遅れから、開業時期の見通しは立っていない。2030年度中頃までずれ込むことが予想され、沿線の各自治体にとって、まだしばらくはもどかしい日々が続きそうだ。

第3章　関西・北陸・中国

阪急、なにわ筋・新大阪連絡線に前のめりも2031年度の同時開業は非現実的

ＪＲ西日本と南海電鉄が乗り入れるなにわ筋線が建設中だが、阪急電鉄はこれに接続する、なにわ筋連絡線と新大阪連絡線の建設計画を明らかにしている。この計画が実現すれば、大阪の交通事情は大きく変わり、利便性が大幅に向上することは間違いないが、この計画には色々と課題も多い。この計画の実現性を考えてみたい。

●阪急なにわ筋連絡線と新大阪連絡線とは？

なにわ筋線は２０２３年に開業したＪＲ西日本の大阪駅地下ホームと、ＪＲ難波駅、南海電鉄新今宮駅を接続する、大阪を南北に縦断する新線であり、２０３１年度の開業が予定されている。

なにわ筋線へはＪＲ西日本、南海電鉄の関西空港や和歌山方面などからの列車の乗り入れが想定されており、関西空港へのアクセス、大阪の鉄道ネットワーク拡張、交通渋

滞の緩和や利便性の向上が期待される。

阪急電鉄の計画とは、なにわ筋線開業に合わせ新大阪駅と大阪駅地下ホームを十三（じゅうそう）駅経由で結ぶ新しい連絡線であり、大阪駅から十三駅をなにわ筋連絡線、十三駅から新大阪駅を新大阪連絡線としている。

阪急電鉄は以前より新大阪駅そばには用地も取得し、乗り入れ計画を温めてきたが、阪急電鉄単独では事業費や需要予測から実現することができず、現在に至っている。しかし、なにわ筋線に接続することで、大阪南部、和歌山、関西空港へのアクセスが可能となり、より大きな効果が得られるとして、新大阪駅への乗り入れ構想の実現に向けて舵をきったというところだ。

●阪急電鉄にとって大きな挑戦となる新線計画

阪急電鉄にとっては悲願ともいうべき、新大阪駅への乗り入れだが、その実現には課題も多い。その一つが、線路規格の違いである。阪急電鉄は標準軌（１３４５㎜）を使用しているが、ＪＲ西日本と南海電鉄は狭軌（１０６７㎜）であり、なにわ筋線もこの規格で建設されている。そのため、なにわ筋連絡線・新大阪連絡線は阪急電鉄の他の路線から乗り入れできない、完全に独立した路線となり、既存の車両を運用することができないため、専用車両が必要となる。

この問題に対し、阪急電鉄では、南海電鉄と同じ規格の車両を製造し、車両の保守管理は南海電鉄に依頼することで解決するとしている。

●独立路線を建設してでもなにわ筋線へのアクセスが欲しい阪急

阪急電鉄の路線網は大阪梅田を起点に、京都河原町、神戸三宮、宝塚と、大阪北部から京阪神地区をカバーしている。そのため、難波、天王寺、堺といった大阪南部地区とは縁が薄く、なにわ筋線の乗り入れによって、路線ネットワークの拡大を図ろうとしている。

そして、何と言っても大きいのが関西空港へのアクセスである。インバウンドの多くも入国する関西空港から京都、神戸という人気の観光スポットを擁する阪急沿線へのアクセス改善は、間違いなく大きなメリットとなる。

現在、阪急沿線から関西空港へアクセスする場合、阪急梅田駅で下車して、大阪駅（名前は異なるが、同じ場所である）で特急はるかや関空快速への乗り換えとなるが、多くの乗客が行き交う阪急梅田駅・大阪駅での乗り換えはあまりお勧めできるものではない。

また、南海電鉄の天下茶屋駅を経由して、相互乗り入れを行う大阪メトロ堺筋線を介して阪急京都線へアクセスする方法もあるが、天下茶屋駅発の列車は途中の高槻市駅までの列車がほとんどであるため、京都方面へ行くには天下茶屋駅と高槻市駅での2回の乗り換えが必要と、これも便利なものとはいえない。なにわ筋連絡線・新大阪連絡線が開通すれば、乗り換えは阪急神戸線、京都線、宝塚線が分岐する十三駅での1回のみとなり、関西空港へのアクセスは飛躍的に向上するわけだ。

また、この乗り入れは新大阪駅への路線を持たない南海電鉄と阪急電鉄の相互乗り入れと思われてきたが、阪急電鉄はＪＲ西日本との相互乗り入れも想定している。

大阪と和歌山の間で南海電鉄とＪＲ阪和線は並行しているが、阪和線がやや山側を走っていることもあり、競合になっていない駅も多い。阪急電鉄は両社の路線に乗り入れることで、より広範囲な市場への参入が可能になるだろう。

●十三駅の一大拠点化にも必要な新線開業

前述の通り、十三駅は阪急京都線、神戸線、宝塚線が分岐するハブ駅であり、多くの乗客で賑わうが、その多くは乗り換え需要であり、乗降人員が阪急全体で6位という数値にも表れているように、さほど多くはない。

駅周辺は大阪の下町風情があるが、土地の有効活用がされているとは言い難く、阪急阪神ホールディングスは地上39階建てのタワーマンションを中心に、図書館や教育施設、スーパーマーケットなど、大規模な再開発、十三駅の拠点化を進めている。

なにわ筋連絡線・新大阪連絡線が開業すれば、十三駅と新大阪、関西空港という大阪の玄関口が結ばれ、十三駅は大阪の新たなハブとして、その存在価値が飛躍的に向上する。これが阪急電鉄が新線開業に前のめりな大きな理由の一つだろう。

●JR西日本と南海電鉄にも大きなメリット

阪急なにわ筋連絡線・新大阪連絡線であれば、十三駅で多方面からの阪急電鉄の需要を取り込むことが可能だ。

阪急電鉄とJR西日本は京都〜大阪〜神戸において競合しているものの、南海本線と阪和線のように、路線全体がぴったり隣り合って走っているわけではない。例えば、阪急京都線は、祇園地区に近い京都河原町をターミナルとするのに対し、JR京都線のターミナルは京都駅である。同じ京都でも、乗客が行き先に応じて使い分けをすることができるため、一定の棲み分けができている。

また、今後の人口減少を見据え、各鉄道会社の考えは「競合」よりも「共存」へとシフトしている。必要な部分では協力し、共存を図るのが今後のトレンドであり、阪急電鉄とJR西日本、南海電鉄の相互乗り入れからも、そうした考えが垣間見られる。

●まだまだ不透明な計画

阪急電鉄の経営陣は地元メディアに対し、なにわ筋連絡線・新大阪連絡線を、2031年度になにわ筋線と同時開業させる方針を明らかにしている。

しかし、なにわ筋連絡線・新大阪連絡線は建設に着手されていないどころか、建設費用の概算や具体的なルートについても明らかにされておらず、建設が始まっているなにわ筋線との同時開業はかなり難しい状況である。

なにわ筋連絡線・新大阪連絡線が実現すれば、多様な選択肢が提供されることで、利用者にとってはより便利になることは間違いない。その計画には大いに期待したいが、その道筋を見極めるにはまだまだ時間がかかりそうだ。

大阪夢洲への鉄道アクセス構想
大阪メトロ・近鉄・京阪・JR西日本各社の思惑

2025年大阪・関西万博の開催地である夢洲へは、将来的なIR（統合型リゾート）誘致を見込み、大阪メトロ中央線の延伸計画があるが、その他の事業者の計画については不透明な部分が多い。夢洲への鉄道乗り入れはどのようなものになるのだろうか。

●オリンピック誘致予定地から万博会場へ転身した夢洲

夢洲は大阪臨海エリアにある人工島の一つで、隣接する人工島の舞洲とともに、20

０８年夏季オリンピックの誘致では会場や選手村が想定されていた場所だ。しかし、オリンピック誘致では落選し、特に夢洲はその後の広大な空き地の開発が進まず、「負の遺産」とまで呼ばれることもあった。

その夢洲が大きな転機を迎えたのは、２０２５年大阪・関西万博の開催地に決まったことと、その後に続く統合型リゾート、いわゆるＩＲの誘致である。

ＩＲまたは統合型リゾートと聞くと、ラスベガスなどにあるカジノホテルのイメージが強いが、統合型リゾートにおけるカジノは一つの要素に過ぎず、ホテル、大型の劇場、国際会議場、展示会所、ショッピングモールなどさまざまな要素が統合された施設であり、国際会議や大規模イベントの開催などの方が重要である。

このＩＲ計画については、ラスベガスのホテルで有名なＭＧＭグループとオリックスの連合体が事業者として選ばれ、２０２０年代後半の開業に向けて準備が進められている。

●一旦凍結された大阪メトロ中央線の延伸

大阪・関西万博のアクセスとして大阪メトロ中央線の延伸工事が進められているが、夢洲への鉄道路線の建設は紆余曲折があった。

この路線は2000年に一度事業化されている。これは先に述べた夏季オリンピック誘致に伴うもので、大阪市営地下鉄（現在の大阪メトロ）中央線のコスモスクエア駅から夢洲へ向かう南ルート、そしてJRゆめ咲線桜島駅に近い新桜島駅から舞洲を経由し夢洲へと向かう北ルートが計画され、これらの2つのルートを合わせて北港テクノポート線として事業化された。しかし、オリンピック誘致に落選したことで、延伸事業は休止へと追い込まれる。

しかしながら、コスモスクエア駅から夢洲駅の間に建設された夢咲トンネルでは、道路部分が2009年に開通し、この際に鉄道部分も準備工事を完了していた。

そして、先に述べたとおり、夢洲は2025年の大阪・関西万博会場に決定。すでにトンネルの準備工事が完了していることが幸いし、コスモスクエア駅から夢洲駅までの

3・2㎞の区間が、大阪・関西万博会場へのアクセスルートとして再び事業化されるに至ったわけである。

当初、2025年3月に予定されていた開業だが、万博開催前のスタッフのアクセス確保などのため前倒しされ、2025年1月末の開業が予定されている。

●当初は積極的もトーンダウン？　近鉄特急の乗り入れ

その夢洲への足となる大阪メトロ中央線と相互乗り入れを行っているのが、近鉄けいはんな線である。この路線は近鉄の路線ではあるが、直流750ボルト第三軌条方式の大阪メトロ中央線と一体運用されているため、直流1500ボルト架線集電方式が採用されている他の近鉄路線からは完全に独立しており、車両の互換性は全くない。

しかし、夢洲での万博や将来のIR計画に大きな将来性を感じた近鉄は、2019年1月にけいはんな線経由で大阪メトロ中央線への近鉄特急乗り入れ計画を発表した。近鉄の計画によると、奈良線の東生駒駅とけいはんな線の東生駒信号場の間に連絡線を設置し、架線と第三軌条両方の集電方式に対応した特急車両を投入し、近鉄奈良駅と夢洲駅を結ぶ特急を運行するというものであった。

この計画を実現するために、架線集電区間でも車両限界にかからない第三軌条用集電装置などを試作し、当初は大阪・関西万博前の運行開始も予定されるなど、近鉄はかなり積極的な動きを見せたが、２０２０年代後半へと先送りされた。

●京阪も中之島線九条駅への延伸を先送りのわけ

京阪電鉄は中之島線の終点、中之島駅から大阪メトロ中央線九条駅まで、約２㎞の延伸を計画していた。これは利用者数が伸び悩む中之島線を大阪メトロ中央線九条駅に接続させ、京都と夢洲を直接結ぶことで、中之島線の活性化を図りたいとの期待が込められていた。

しかし、２０３０年秋を目標としていたこの計画も先送りとなった。そのわけは大阪府とＭＧＭグループやオリックスを主体としたＩＲ事業者との間で締結した実施協定に、ＩＲ事業者が２０２６年９月末まで違約金なしで撤退できる「解除権」が盛り込まれたことが理由だ。これにより、ＩＲ事業者が撤退し、事業計画そのものが白紙に戻されるリスクが生じたため、株主への説明責任などを考慮し、京阪電鉄は計画を先送りとし、近鉄も同様の理由で特急列車乗り入れ計画を先送りとした。

●当初から静観するJR西日本

ユニバーサル・スタジオ・ジャパンへのアクセスルートとして知られる桜島線、通称ゆめ咲線の終点である桜島駅は大阪臨海エリアに位置していることから、以前より舞洲を経由し、夢洲への乗り入れという構想があるが、現時点においてこのルートは全く具体化していない。

その理由の一つは、JR西日本の路線は狭軌1067㎜であることだ。標準軌1435㎜を採用する大阪メトロ中央線、近鉄、京阪との相互乗り入れはできないこともあって、他の事業者との親和性は低く、夢洲への乗り入れには当初から慎重な姿勢を崩していない。

また、すでにトンネルが建設済みだった大阪メトロ中央線のコスモスクエア駅からの延伸とは異なり、ゆめ咲線の延伸は海底トンネルなども含めた完全な新規建設路線とな

大阪メトロ中央線の延伸区間とJRゆめ咲線の延伸区間（構想）

るため、その建設費は他の事業者の計画とは桁違いの莫大なものとなる。ＪＲ西日本は延伸の可能性を否定してはいないが、今後の状況を確認しながら、静観といった姿勢だ。

●事態打開を図る大阪府・大阪市

夢洲への鉄道事業進出のネックとなっていた統合型リゾート事業者の解除権だが、２０２４年９月に放棄された。最大の障害が消滅したことで、大阪府と大阪市は「夢洲鉄道アクセスに関する検討会」の設置を決めた。

検討会には京阪電鉄、ＪＲ西日本といった鉄道事業者も参加し、棚上げとなっている京阪電鉄の九条駅延伸ルートに加え、ＪＲ桜島線の延伸についても、整備効果の検討が行われる。２０２５年度前半には検討結果のとりまとめが公表される見込みだ。夢洲の未来がどのように描かれるか、その報告を待ちたい。

敦賀駅の問題は8分での乗り継ぎだけではない

北陸新幹線の延伸により、その終着駅となった敦賀駅は巨大な構造であるため、在来線からの乗り換え距離が長いことが問題視されている。しかし、敦賀駅はその構造以外にも多くの課題を抱えている。その問題点を紐解いていこう。

●敦賀駅の乗り換え――実はそんなに大変ではない

北陸新幹線開業に伴い、大阪、京都、名古屋に接続する特急サンダーバードと特急しらさぎは、在来線ホームから新幹線高架下に新設された特急専用ホームに発着となった。

そのホームの直上には新幹線乗り換え改札がある広いコンコースがあり、サンダーバードとしらさぎが発着の際には多くの乗客がここを通り抜けるが、広大なスペースを有するため、乗客の流れは比較的スムーズである。

新幹線ホームはそのコンコースの上の階に位置するのだが、駅の北側で高架橋となっている国道バイパスの上を超えるため、高さ20m、ビルにすれば6～7階建て相当の高さに位置している。敦賀駅での乗り換えに時間がかかると言われているのは、この新幹線ホームの高さが原因である。

この敦賀駅での乗り換え時間は最短で8分で設定されており、これを問題視する報道も多い。筆者は実際に乗り換えを体験したが、多くの誘導員が配置されている（現在は誘導員の配置は終了した模様）ため、迷うこともなく、スムーズに新幹線ホームにたどり着くことができた。ほとんどの乗客にとって8分での乗り換えに問題はなく、報道はやや過熱気味に感じた。

そして、北陸新幹線に接続するサンダーバードとしらさぎという2つの特急列車は同じ路線を走るため、最低でも4分の時間差で発着しており、サンダーバードが新幹線到着の8分後に出発する場合、しらさぎは12分後に発着といった具合だ。

先行列車の乗り換え時間を拡大すれば、後続列車の乗り換え時間も伸びてしまう。乗り換えというのはデメリットと捉えられてしまうため、鉄道会社としてはできるだけ短くしたい。8分という乗り換え時間は、JR西日本が乗り換えのデメリットを最小化するためのギリギリのラインであったと想像する。

また、敦賀駅の乗り換えがネガティブに捉えられる要因の一つには、同一ホームでの乗り換えが可能な武雄温泉駅と比較されるためだ。しかし、武雄温泉駅では、連絡特急リレーつばめと西九州新幹線が接続というシンプルなものなのに対し、敦賀駅ではサンダーバードとしらさぎという2つの在来線特急列車、北陸新幹線では、金沢、富山へのつるぎに加え、東京直通のかがやきやはくたかもあり、その乗り換えパターンは複雑である。

敦賀駅での対面乗り換えは非現実的であり、その比較には無理がある。在来線特急と北陸新幹線の乗り換えは現在の上下移動がベストな選択肢と言えるだろう。

●軽んじられている？　敦賀駅の存在

敦賀駅では、在来線と新幹線の乗り換えのデメリットを最小化することを第一に考えたため、乗り降りについては利便性が大きく低下したと感じる。

たとえば、敦賀駅から大阪駅へ特急サンダーバードで移動する場合、表玄関であるまちなか口（西口）から特急専用ホームへの経路は、次のように上り下りの多い面倒な移動となる。

・改札を抜け、エスカレーターや階段で跨線橋へ上がる。
・動く歩道が設置されるほど長い跨線橋を進む。
・エスカレーターや階段で、新幹線乗り換え改札があるコンコースへ上がる。
・新幹線乗換改札があるコンコースからエスカレーターまたは階段で特急専用ホームへ進む。

これは特急専用ホームが駅の東側に建設された新幹線ホームの階下に移設され、また、在来線ホームよりもやや高い位置にあることが原因だ。特急専用ホームを嵩上げすることで、新幹線への乗り換え時の上下移動の短縮を考慮したのかもしれないが、仮に、特急専用ホームが他の在来線ホームと同じ高さにあれば、跨線橋内の水平移動だけで済むため、利用しやすくなっていたであろう。

心理的な面も大きいと思うが、北陸新幹線が開業したことによって、敦賀駅に降りづらくなっている点は否めない。

●新幹線開業効果がフルに発揮されていない敦賀駅

以前から駅舎があるまちなみ口では、北陸新幹線開業に合わせ、新たな商業施設「Otta」がオープンし、駅前は賑やかになった。

ただ、駅前広場から道路を挟んだ反対側に目をやると、古びた商店街ではシャッターが降りているところも目立つ。鉄道資料館やレンガ倉庫など、新幹線開業前に比べ、訪問客が1・5～2倍以上に増加というプラスの側面もあるが、過去の新幹線開業の事例を見ると、開業後の「ご祝儀市場」も1年から2年程度ということも多い。駅前商店街の活性化、増加した訪問客数の維持が今後の課題となる。

そして、新幹線開業に合わせて東側にやまなみ口が新設されたが、西側のまちなみ口との接続は改札内に限られ、乗客以外が駅の東西を移動するには、駅の北側の踏切を使用するなど、大きく迂回する必要がある。

やまなみ口の周囲は工場がほとんどであり、民家も少ないため、駅の東西移動のニーズは低いのかもしれないが、駅により町が分断される例は全国で数多く見られ、敦賀駅の自由通路がないことは将来的に問題になる可能性もある。

●敦賀駅乗り換えは当分続く

北陸新幹線は小浜から、京都、松井山手を通り、新大阪駅まで延伸される計画だが、京都府内の山間部における環境への懸念、京都市内での地下水枯渇の問題といった反対運動もあり、着工の見通しは立っていない。

米原接続ルートを推す声もあるが、運行主体のJR西日本、米原駅が立地する滋賀県ともに否定的な見解を示しているため、これも現実的とは言えない。つまり、敦賀駅での乗り換えがかなりの長期間にわたって続くことは確実である。

これは敦賀市にとってチャンスと言える。敦賀駅が終点である限り、東京駅などで、北陸新幹線の行き先が敦賀駅と表示され、敦賀の名前が宣伝されているわけである。北陸新幹線が新大阪駅まで延伸されてしまえば、敦賀行きの列車はほぼ消滅し、首都圏などで敦賀の名前を目にする機会は激減するため、延伸の見通しが立たない今がチャンスと言える。

現在の敦賀駅は単なる乗り換え地点になっている一方、敦賀駅での乗り換えは忙しいというイメージもある。そこで乗り換えが心配という方に、1本新幹線を遅らせて、敦賀に寄ってもらうキャンペーンの展開なども考えられる。

敦賀に与えられた終着駅であるメリットがある間に、いろいろと試してみてはいかがだろうか？

信越本線高速化は新潟県が抱える問題解決の特効薬となるのか？

新潟県は上越地方と長岡駅を結ぶ信越本線の高速化を検討している。これは先の項で解説した羽越新幹線の一部を形成するものと位置づけられるが、羽越新幹線全体ではなく、この区間の実現を先行させているのは、新潟県が抱える問題の解消につながるからである。

●新幹線によって分断された新潟県

新潟県には新潟駅や長岡駅を通る上越新幹線、上越妙高駅や糸魚川駅を通る北陸新幹線という2つの新幹線が通っているのだが、それぞれ首都圏とはダイレクトにアクセスできるものの、県内で交差することはない。

その2つの新幹線に挟まれた上越妙高駅と長岡駅の間では在来線特急「しらゆき」が運行されているが、新幹線に比べると、速度、運行本数で大きく劣るため、県内での東西の繋がりに欠け、「分断」されている状態だ。

また、中間に位置する柏崎市には原子力発電所があり、同じく原子力発電所が立地する福井県敦賀市へ北陸新幹線が延伸した。北陸新幹線と接続する信越本線高速化構想は、柏崎へのアクセスを向上させ、敦賀との原子力技術の交流を促進させるという目的もある。

信越本線高速化構想による建設費、工期、時短効果

	時短効果	建設費（距離）	工期
信越本線・トキ鉄 はねうまライン ミニ新幹線化	上越妙高〜新潟 37分短縮	1,200億円 （約86km）	15〜17年
信越本線・トキ鉄 ひすいライン ミニ新幹線化	糸魚川〜新潟 55分短縮	1,500億円 （約117km）	19〜21年
信越本線 既存線改良	上越妙高〜新潟 27分短縮	2,000億円 （約82km）	13〜15年
北越急行 ミニ新幹線化 長岡〜柏崎シャトル	上越妙高〜新潟 40分短縮	2,100億円 （約72km）	8〜10年

このように新潟県にとって様々な意味を持つ信越本線高速化構想では、表と地図で示した通り、4つのルートの調査結果が報告されている。

1つずつ見ていこう。

●信越本線えちごトキめき鉄道妙高はねうまラインミニ新幹線化

この案では、上越妙高駅と長岡駅で新幹線から在来線へのアプローチ線を整備し、妙高はねうまラインの上越妙高〜直江津、信越本線の直江津〜犀潟、宮内〜長岡を三線軌条化し、信越本線の犀潟〜宮内を在来線規格の狭軌1067㎜と新幹線規格の標準軌1435㎜の単線並列とする。

長岡駅の新幹線ホームには羽越新幹線乗り入

信越本線高速化構想

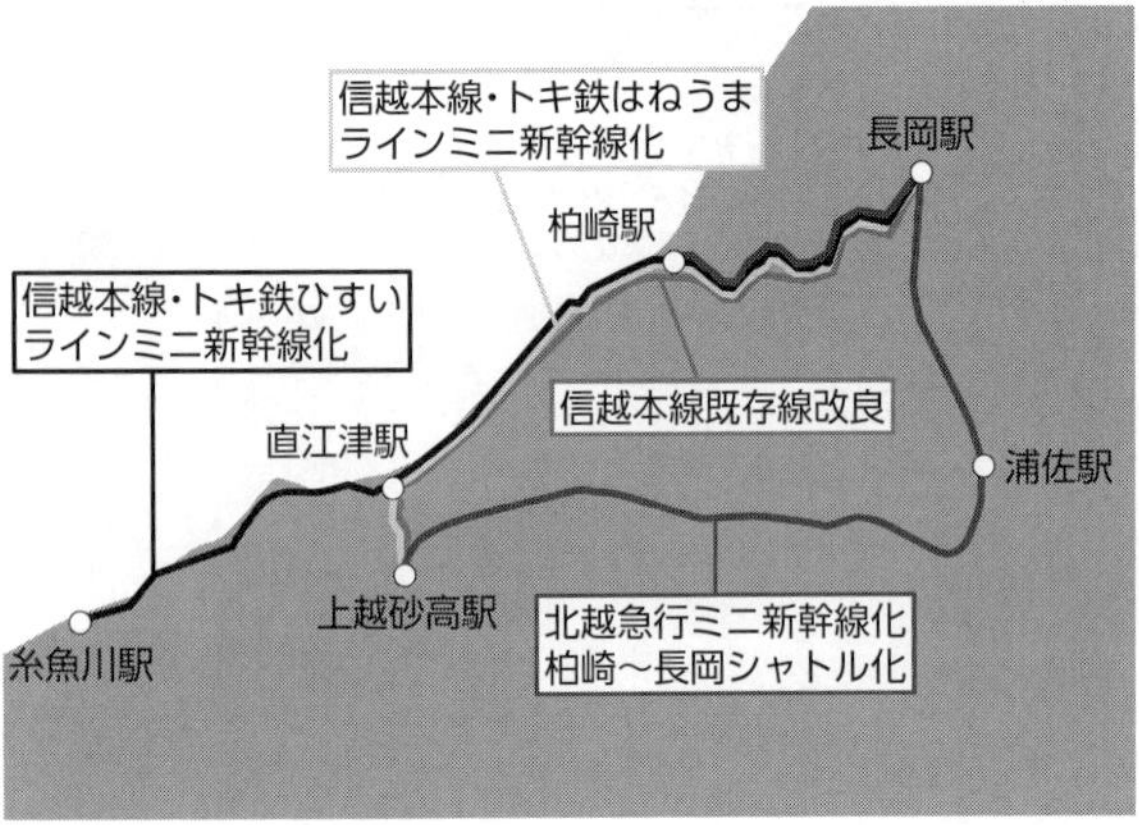

れを想定したスペースが設けられているが、信越本線高速化が実現すれば、ついにそのスペースが有効活用される。

　このルートの問題点として、まず挙げられるのが単線並列による線路容量の制限である。この区間には貨物列車も多数運行されており、新幹線以外の旅客列車と貨物列車を単線で運行するダイヤ調整は難航しそうだ。

　また、富山方面からの列車は上越妙高駅でスイッチバックが必要となる。新幹線営業列車のスイッチバックは前例がなく、JRが認めなければ、この構想案は成立しない。

さらにルートの大半を占める信越本線を保有するJR東日本の協力は欠かせない。新潟県はこの構想がJR東日本にどのようなメリットをもたらすのか、そのプレゼン力が試される。

●信越本線えちごトキめき鉄道ひすいライン ミニ新幹線化

この案は糸魚川駅を分岐点とし、えちごトキめき鉄道ひすいラインの糸魚川～直江津間を単線並列化。直江津～長岡の区間については妙高はねうまラインの案と同様である。

このルートでも同様に線路容量などの問題がある他、糸魚川駅の構造が問題となる。上越妙高駅は島式ホーム2面4線だが、糸魚川駅は相対式ホーム2面2線であり、分岐駅としては規模が不十分である。一方で、富山方面からの列車はスイッチバックの必要がないメリットもある。

●信越本線既存線 改良

ミニ新幹線ではなく、在来線改良で最高時速130㎞運転可能な高速化を図るものである。その核となるのは2箇所の短絡トンネル建設であるが、その1つである柿崎～柏崎間のトンネルは約15㎞に及ぶもので、かなりの大事業だ。

在来線列車であるため、新幹線へ乗り入れることはできないが、上越妙高駅、長岡駅の新幹線ホームへアプローチ線を設け、武雄温泉駅のように新幹線と同一ホームで乗り換え可能な構造として、利便性を確保する。

既存路線の改良による高速化は、現在運行されている信越本線の旅客列車や貨物列車への影響を最小限に抑える利点があるが、長大トンネル工事を含むため、工事費用は約2000億円と4案の中で2番目に高額となる。

●北越急行ミニ新幹線化＋柏崎～長岡シャトル便

この案は上越妙高駅から約18㎞の新線を建設し、北越急行ほくほく線うらがわら駅に接続。うらがわら～魚沼丘陵間を三線軌条化してミニ新幹線と普通列車で線路を共有。魚沼丘陵駅から上越線への短絡線を建設し、上越線を経由して浦佐駅近くの保守基地を経由して上越新幹線に接続する。

ほくほく線では以前特急はくたかが時速160km運転を行っていたが、ミニ新幹線入線で高速運転復活という、鉄道ファンの目には魅力的に映るものだ。

しかし、信越本線高速化の目的の1つである柏崎駅へのアクセス向上には全く寄与しないため、長岡〜柏崎間ではシャトル列車を運行するとしている。シャトル列車は新幹線ホーム上に乗り入れし、同一ホームでの乗り換えを可能とし、利便性を確保するとしている。

●現実的な選択肢はあるのか？

建設費と所要時間短縮のバランスで見れば、信越本線・トキ鉄はねうまラインミニ新幹線化が建設費用1200億円、時短効果37分とコストパフォーマンスが最も良好である。しかし、先に述べたように、線路容量の問題やJR東日本の協力を取り付けられるかなど、コストだけでは片付けられない問題もある。これは信越本線・トキ鉄ひすいラインミニ新幹線化も同様である。

在来線の運行に最も影響が低い信越本線既存線改良案だが、建設費が2000億円と高額な割には時短効果は27分は最低値であり、コストパフォーマンスが良いとはいえない。

また、新幹線と同一ホームでの乗り換えが可能としても、乗り換えがあるだけで、利用者から敬遠されることも多いため、良案とは言えない。

北越急行のミニ新幹線化は時短効果37分に対し、建設費が2100億円と高く、コストパフォーマンスは極めて低い。しかし、このルートでは、JR東日本の路線改良が上越線の一部区間のみとなっているため、新潟県の計画の自由度が高く、厳しい経営が続く北越急行の収益向上にも寄与するというメリットがある。

どの案も「帯に短し襷に長し」といったところだが、北越急行の経営改善も新潟県が抱える深刻な問題の1つである。柏崎に立ち寄ることが出来ないというデメリットはあるが、鉄道ファンの贔屓目なしに見ても、4案の中から選ぶとすれば、高規格路線のインフラを活かすことができ、計画の自由度が高い北越急行案がベストかと思うのだが、皆さんはいかがお考えだろうか？

城端線・氷見線の再構築実施計画が正式認定 5年後には3セク化

富山県高岡駅を起点に南北に伸びる氷見線と城端線は第三セクター、あいの風とやま鉄道への移管が決定された。全国のローカル線が存廃議論で膠着している中、この路線はどのような経緯で第三セクター化されるのか？　その理由と方法について考察したい。

●大赤字ローカル線ではない城端線・氷見線

城端線は高岡駅から城端駅までの29・９km、氷見線は高岡駅から氷見駅までの16・５kmと、どちらもさほど長い距離の路線ではなく、沿線での通学、高岡市や富山市への通勤としての役割を持つ路線である。

コロナ禍からほぼ回復した２０２３年度の輸送密度を見ると、城端線が２５４０人、氷見線が２１７５人である。路線収支は赤字ではあるが、ＪＲ各社が日本各地で存廃協議を進めている路線は輸送密度１０００を大きく下回る路線ばかりであり、城端線・氷見線がすぐに存廃対象になるとは考えづらい。

それでも、城端線と氷見線が第三セクターのあいの風とやま鉄道へ移管されるのは、JR西日本、沿線自治体のそれぞれにメリットがあるからだ。

●高岡駅での分断の解消

高岡市は高岡駅の北側に位置していた高岡城を中心に発展してきた歴史から、駅の北側が中心街として栄えてきた。

しかし、北陸新幹線が開業し、高岡駅の南約2㎞の場所に新高岡駅が設置されると、隣接するイオンモール高岡の開業もあり、新高岡駅周辺に賑わいが移ってしまった。その結果、繁華街である高岡駅北側が衰退し、さらに広大な地上駅である高岡駅が南北の流動を妨げる問題となったのである。

また、氷見線と城端線沿線には高校も多く、高岡駅をまたいで通学する高校生も多いが、高岡駅の構造上、両線の列車を直通させることは難しく、現在、観光列車のベル・モンターニュ・エ・メールを除き、直通列車は運行されていない。

こうした問題を解決するため、富山県と沿線4市（高岡市、氷見市、砺波市、南砺市）で構成された協議会では、両線をLRT化して直通させ、利便性を向上させることを検討した。しかし、導入費用の大きさや、非電化路線を電化する技術的な課題からLRT化せず、新型車両の導入により、利便性の向上施策を図る方針へと変更された。

そして、富山県と沿線4市が主体的に鉄道事業を行うことが、利便性の向上、両線の直通運転の実現などの課題解決への近道であると判断され、城端線・氷見線の事業主体をJR西日本からあいの風とやま鉄道に移管するという決定が下された。

その決定に基づき、「城端線・氷見線の鉄道事業再構築計画」を策定し、国土交通省に申請。その計画は「県と沿線自治体が公共交通を地域への投資と位置づけた」ものとして認定され、支援策として社会資本整備総合交付金が活用されることとなった。これは2023年10月に施行された「改正地域交通法」による初めての認定である。

●JR西日本にとっても渡りに船の経営移管

この事業計画は2024年2月からすでに開始されており、2034年3月までの10

年間で行われるが、5年後の2029年にはJR西日本から、あいの風とやま鉄道株式会社への事業主体の変更が行われる予定である。

この計画に対し、JR西日本は運転士や技術要員確保への協力、そして150億円を拠出し、鉄道施設の整備費用に104億円、城端線・氷見線の経営安定基金46億円に充当される。経営安定基金は城端線・氷見線の赤字分を補填し、あいの風とやま鉄道本体の経営に影響を与えないために設置されるものだ。

150億円はJR西日本にとっても小さな金額ではないが、城端線・氷見線はJR西日本の他の路線との接続もない「飛び地」となっており、経営効率の悪さが以前から指摘されていた。2015年の北陸新幹線金沢延伸前には、JR西日本が城端線・氷見線のバス転換を打診しており、その際は北陸新幹線開業後もJR西日本が運行を続けることになったが、手放したい路線であったことは間違いない。長期的に考えれば、150億円を拠出するだけの効果があると考えてのことだろう。

●あいの風とやま鉄道への移管で利用者は増えるのか？

第三セクターのあいの風とやま鉄道に移管されることで、県と沿線4市の意向を最大限反映することが可能となるが、具体的には左に挙げる施策により、利便性向上が図られる。

・電気式気動車など新型車両34両の導入
・2年後を目処とした交通系ICカードの導入
・持続性向上のための既存設備の改良
・運行本数の増加、パターンダイヤ化に向けた改良
・高岡駅での両線の直通化に向けた改良

この事業の経費は総額382億円とされており、国からの支援策である社会資本整備総合交付金が128億円、県と沿線4市が75億円ずつ、JR西日本が前述の通り104億円が、それぞれの負担割合となっている。

新型車両の導入や線路設備の改修で乗り心地がアップし、運行本数は日中でも毎時2本が予定されており、確実に利便性は向上するだろう。また、駅でのバス乗り継ぎやダイヤ調整の自由度が高まり、公共交通の連携強化を図ることができ、駅舎の活用といった地域の活性化への貢献など、その可能性は多岐にわたる。

こうした鉄道事業の再構築により、城端線・氷見線の利用者を現在の1日約9600人から10年後には1万2000人以上を見込み、赤字を現在の10億円から7億円に縮小と、かなり意欲的な目標が掲げられている。

●どの路線でも使える方法ではない

JR西日本が城端線・氷見線の運行を続けても、飛び地路線であることから、積極的な投資が期待できず、利便性の向上や高岡駅での直通化は期待できない。そのため、第三セクター鉄道に移管し、自治体主導で利便性を向上させ、沿線地域の活性化を図るという方向性は理にかなっている。

こうした鉄道の再構築事業に対しては、国も社会資本整備総合交付金を用意して、バックアップを行っているわけだが、沿線自治体にも大きな負担が強いられる。城端線・氷見線の再構築計画でも富山県と沿線4市がそれぞれ75億円を拠出しており、その金額は決して小さなものではない。

また、城端線・氷見線はローカル線とはいえ、輸送密度が2000以上と鉄道の特性が活かせるだけの需要がある。そして、富山にはライトレールという成功体験があり、あいの風とやま鉄道という受け皿があるという、いくつかの好条件が揃っていた。

この施策は、富山県の城端線・氷見線だから実現できたという側面があり、どのローカル線でも適用できるというものではないことは付け加えておく必要があるだろう。

高山本線　富山〜猪谷は あいの風とやま鉄道に移管されるのか？

岐阜駅と富山駅を結ぶ高山本線は、猪谷駅を境に南はJR東海、北はJR西日本に所属している。しかし、JR西日本の区間は他のJR西日本路線との接続がない「飛び地」となっており、JR西日本にとっては経営効率の低い路線と言える。富山県内では同じく「飛び地」となっていた城端線・氷見線が、あいの風とやま鉄道への移管が決定したため、高山本線の猪谷駅から富山駅の区間も、富山市が上下分離なども含めた試算を行うとの報道があったが、果たして、本当に経営移管は実現可能だろうか？

●似ているようで違う高山本線と城端線・氷見線

次ページの表は3つの路線の主なデータをまとめたものである。

高山本線は路線距離が長いが駅数は少なく、途中の越中八尾駅を境に、富山駅方面では富山市内中心地への通勤通学需要が大きいのに対し、猪谷駅方面では沿線人口も小さく、利用者数もかなり低くなっているという特徴を持ち、越中八尾駅を境に列車の運行本数も大きく異なる。

また、高山本線では城端線・氷見線と異なり、沿線自治体が富山市のみであるため、自治体間での調整が不要というメリットがある。一方で、城端線・氷見線の移管では、富山県と沿線4市での費用負担の分担となったが、高山本線を第三セクター化する場合は富山県と富山市での費用分担となるため、富山市の負担割合が大きくなるというデメ

高山本線、氷見線、城端線の比較

	高山本線	氷見線	城端線
路線距離	36.6km	16.5km	29.9km
駅数	9	7	13
沿線自治体	富山市	高岡市、氷見市	高岡市、砺波市、南砺市
輸送密度(2022)	1830	2157	2481
輸送密度(1987)	2556	4419	4479
対1987年減少率	72%	49%	55%
貨物列車運行	あり	あり	なし
特急列車運行	あり	なし	なし

リットがある。

高山本線の輸送密度は1830で、氷見線や城端線より低いが、大差はなく、また1987年からの減少の度合いが小さい点は注目すべきだ。利用者数の維持は、富山市がこれまで行ってきた高山本線の活性化社会実験によって、利用促進に努めてきたということが功を奏しており、この社会実験では臨時駅として婦中鵜坂駅が設置され、その後、常設化されるという結果も残している。

次に、高山本線では富山駅と速星駅の7・9㎞という短い区間であるが、1日1往復の定期貨物列車が運行されている。第三セクター化された場合、JR貨物からの線路使用料を得ることが可能であり、第三セクター経営の助けになるだろう。氷見線にも貨物列車の運行があるが、こちらは臨時扱いの列車であり、高山本線と比較して、その影響は極めて小さい。

そして、城端線・氷見線との最大の違いはＪＲ東海エリアから乗り入れる特急列車の運行である。高山本線のＪＲ西日本エリアでは特急ひだが1日4往復運行されており、運賃に加え、特急料金が大きな収入源となっている。特に高山はインバウンドに人気が高く、特急ひだの存在意義はかなり大きいと言える。

このように「飛び地」という共通点はあるものの、高山本線、富山〜猪谷間は城端線・氷見線と異なる点も多い。そして、この区間を第三セクター化することは容易ではない。その理由は大きく2つある。

●理由①　ＪＲ東海との接続、調整の難しさ

城端線・氷見線はそれぞれ行き止まりの盲腸線であり、起点の高岡駅以外に他の路線との接続がないため、他の鉄道会社の影響を受けることが少ない。しかし、高山本線は

猪谷駅でJR東海と接続している。高山本線の猪谷駅から富山駅の区間を第三セクター化、もしくは上下分離するとなると、当然、JR東海との調整が必要となる。盲腸線である城端線・氷見線であれば、JR西日本が単独でその処遇を決めることができるが、高山本線では制約が課せられている。

そして、JR東海からは特急ひだが1日4往復乗り入れている。富山県や富山市は高山本線を第三セクター化しても、特急ひだはそのまま維持したいだろうが、高山本線の当該区間を第三セクター化した場合、一般的には特急ひだの運行を第三セクター鉄道会社が担うことになるが、車両を保有するJR東海がそれを受け入れるかどうかは微妙なところだ。

JR東海では、特急南紀が第三セクターの伊勢鉄道伊勢線に乗り入れているが、伊勢線ではJR東海の運転士と車掌がそのまま乗務しており、伊勢鉄道はJR東海に車両使用料と人件費を支払い、自社路線分の運賃と特急料金を収入として得ている。そのため、JR東海の特急列車の運行を第三セクター鉄道が担った前例はない。

高山本線のJR西日本区間でも、同様の方法で特急ひだを維持できるかと言えば、それも簡単ではない。伊勢鉄道伊勢線では前後がＪＲ東海路線となっており、伊勢線は短絡線として通過しているに過ぎないため、ＪＲ東海の運転士と車掌がそのまま乗務できる。

しかし、高山本線の場合、富山駅が発着地となるため、富山駅にＪＲ東海乗務員や車両の夜間停泊設備などが必要となるなど、伊勢鉄道の乗り入れほど簡単ではない。

●理由②　第三セクター化する明確な理由がない

前項で取り上げたように、城端線・氷見線では高岡駅南北の流動の円滑化、高岡駅での城端線・氷見線の直通運転の実現など、様々な課題を抱えていた。ＪＲ西日本保有路線であるよりも、第三セクター化した方が自治体の意見を反映しやすく、問題解決の近道であるという明確な方針が示されていたわけだ。

高山本線は富山駅に乗り入れており、これ以上先に乗り入れる路線もなく、高岡駅による分断のような大きな問題も見られない。また、ＪＲ西日本保有路線である現在でも、あいの風とやま鉄道、富山地方鉄道と同様に、富山市の地域公共交通計画に「骨格」として組み込まれており、十分に活用されていると言える。

つまり、高山本線には、城端線・氷見線のように、第三セクター化すべき理由がなく、現状でも特段大きな問題はない。

●本当に第三セクター化されないのか？

地元メディアは、富山市が高山本線の第三セクター化、上下分離方式を検討していると報道した。また、ＪＲ西日本としては、城端線・氷見線と同様に経営効率の低い「飛び地」であるため、手放したい路線であると考えられるが、ＪＲ西日本も、高山本線の今後について言及したことはなく、現状では、富山市が上下分離や経営分離の試算を行い、検討しているに過ぎない。

将来的には高山本線も変わるべき時期がやってくると思われるが、現状から判断すると、それは「今」ではないと思われる。

バスドライバー不足が原因？
北陸鉄道に見る消極的な鉄道維持

石川県の北陸鉄道は、浅野川線、石川線という2つの鉄道路線を保有しているが、ともに非常に厳しい財政状態にあり、特に浅野川線ではBRT化という選択肢も含めた協議会が設置されたが、結局鉄道路線として維持していく方向が確認された。しかし、この浅野川線の存続については、協議の結果、これ以外方法がなかったというのが実情である。一体それはどういうことなのか？

●バス事業の収益で鉄道維持のモデルが崩れる

北陸鉄道はバス事業と鉄道事業を経営する地方私鉄であり、浅野川線（北鉄金沢〜内灘／6・8km）、石川線（野町〜鶴来／13・8km）の2つの鉄道路線を運営している。だが、これらの鉄道事業はコロナ禍前から赤字であり、特に金沢都心部から外れた野町駅をターミナルとする石川線は、コロナ禍前でも輸送密度が2000を切っており、これは国鉄時代のローカル線では、真っ先に廃線対象になっていたレベルである。

北陸鉄道がこれら赤字路線を維持できたのは、貸切バスと高速バスを柱とするバス事業の利益によって赤字が補填されていた、いわゆる「内部補助」によるものだが、コロナ禍によってバス事業の収支が大きく悪化し、これまでの鉄道維持のスキームが崩れ去った。

さらに、2024年4月からドライバーの残業時間などが制限され、ドライバー不足が大きな問題となった。限られたドライバーの数では、公共交通として維持しなくてはならない路線バスが優先されるのだが、路線バスは大半が赤字である。一方、収益率の高いのは貸切バス、高速バスであるが、収益率の低い路線バスに人員を割かれ、貸切バスや高速バスに回す余裕がないという事態に陥った。

これらの問題も北陸鉄道の経営悪化に拍車をかけ、その結果、北陸鉄道は自社単独での鉄道事業の維持が困難として、沿線自治体に援助を求めるに至った。

●BRT化の方が安いのに鉄道事業維持となるジレンマ

北陸鉄道と沿線自治体では協議会を設置し、特に利用者の少ない石川線ではBRT化が検討されるに至った。検討の結果、こちらの通りだ。

・鉄道存続：事業費約134億円、収支約24億円の赤字
・BRT化：事業費約118億円、収支約15億円の赤字

事業費やその後の赤字を見ると、BRT化が有利となった。しかしBRT化を行った場合、工事期間が最大2年間となり、その間は代替バスの運行となるため、工事期間中の道路渋滞が懸念された。そして、さらに問題なのは、バス運転手不足からBRTのドライバー確保のために、金沢都市圏の路線バスを平日は約160便、休日は約200便を減便する必要があるということだ。

このように、BRT化が収支面で有利であったとしても、バスドライバー不足のため、

現実的な選択肢とはなり得ず、筆者はこれを「消極的な鉄道維持」と呼んでいる。

●鉄道施設は「みなし上下分離方式」で維持

上下分離方式とは、列車の実際の運行に当たる部分（上部）と、鉄道施設などの資産の維持・管理（下部）を分けるものであり、一般的には鉄道事業者が上部を担い、沿線自治体が下部を引き受ける。これにより、鉄道事業者は線路施設の維持管理費用や固定資産税などが減免され、経営を大きく改善することが可能となる。

しかし、北陸鉄道で採用予定の「みなし上下分離方式」は鉄道施設などの維持・管理は鉄道事業者が担い、その維持・管理にかかる費用を自治体が負担することで上下分離方式を採用した場合と同じ効果を見込むもので、自治体はインフラを所有しない点が一般の上下分離方式と大きく異なる。

みなし上下分離方式のメリットは、これまで通り鉄道事業者が上下一体で運営するため組織変更が不要であり、自治体も財政支援のみで済み、人的負担が軽減される。この方法は群馬県の上毛電鉄などで採用済みだ。

「みなし」ではない上下分離方式を採用するとなると、鉄道施設の保有、維持や管理のために第三セクターなどの組織の設立が必要となり、第三種鉄道事業者の免許を取得する必要がある。組織の設立を複数の自治体で行うとなると、費用負担や人員確保など、その調整には多くの時間を必要とし、自治体の負担は非常に大きいものとなる。

そうしたことから、浅野川線、石川線の沿線自治体ではである金沢市、野々市市、白山市、内灘町はみなし上下分離方式の採用について合意し、石川県も財政支援を決定した。

●北陸鉄道に見える地方ローカル線共通の問題

北陸鉄道の2つの路線の維持管理に向けて、県が28億円、沿線自治体が46億8000万円。残りは国からの補助金である「地域公共交通最構築事業」における「社会資本整備総合交付金」の交付を受けることが想定されている。先の項で取り上げた城端線・氷見線の再構築事業でも適用された交付金だが、その対象は「地方公共団体」または「地方公共団体からの補助金を受けた民間業者」となっており、言い換えれば、前者が上下分離方式によるもの、後者がみなし上下分離方式によるものと言え、何らかの形で自治体が関与しなければ、補助金を得ることができない仕組みとなっており、城端線・氷見線は第三セクターのあいの風とやま鉄道に移管することで、適用対象となった。

その社会資本整備総合交付金の申請には特定事業計画を策定し、鉄道事業経営の持続性を明確にする必要がある。北陸鉄道は老朽化した鉄道施設や車両の更新のために早急な対応を迫られており、そのためには来年度からの社会資本整備総合交付金が不可欠だ。特定事業計画の策定を急ぎ、交付金申請を行うためには、自治体間の調整が少なくて済む、みなし上下分離方式を採用するしかなかったという側面もある。

北陸鉄道石川線ではバスドライバー不足のため、鉄道維持という選択肢を取るしかなかったが、地方ローカル線の存廃議論、バスドライバー不足は全国共通の問題となっており、今後、他のローカル路線でも「消極的な鉄道維持」という選択肢を取らざるを得ない可能性が考えられる。そして、存廃が検討されるような地方ローカル線の沿線自治体の大半は財政規模が小さく、鉄道維持のためには、国からの補助金が欠かせない。そのためには何らかの「上下分離方式」の採用が必要となることも北陸鉄道の事例が示している。

北陸鉄道の存続に至る過程は地方ローカル線の今後の姿を映し出しているように見えてならない。

桃太郎線のLRT化は岡山に何をもたらすのか

中国地方の主要都市である岡山では、吉備線のLRT化計画、そして市内を走る岡山電気軌道の岡山駅前停留場移設という2つのプロジェクトがある。この吉備線のLRT化計画と岡山電気軌道の停留場移設、これら2つのプロジェクトは、岡山市民の生活にどのような変化を与えるのだろうか。

●沿線全体での需要が旺盛な吉備線

吉備線は岡山駅から総社駅までの約20・4㎞の路線であり、桃太郎伝説が残る吉備国を通ることから、桃太郎線という愛称がつけられている。

岡山市は中国地方を代表する政令指定都市であり、隣接する総社市は人口約7万人で岡山市のベッドタウンとして発展を続け、人口が増加傾向にある。

総社市の玄関口である総社駅から岡山駅へは、路線距離26・6㎞と吉備線よりも長いものの、複線・電化路線である山陽本線・伯備線経由の方が所要時間が短く、総社駅からの岡山駅への通勤通学で吉備線を利用する機会は少ない。

しかし、吉備線沿線には学部生と大学院生合わせて約1800人が在籍する岡山県立大学や多くの高校への通学需要があり、さらに、伏見稲荷、豊川稲荷とともに、日本三大稲荷と称される最上稲荷、桃太郎伝説のもとになった神話が伝わる吉備津神社や備前国一宮である吉備津彦神社などの観光需要も旺盛であることから、総社駅から岡山駅の区間需要だけでは測れないニーズがある。

●利便性向上のLRT化にふさわしい吉備線

そうした吉備線の状況から、運行本数の増加、新駅の設置など、利便性向上が求められてきたことから、2003年、JR西日本は吉備線のLRT化の検討を公表した。これはＬＲＴ化によって駅数を増やし、さらなる利用者増加を見込んだものである。

その後、岡山市とＪＲ西日本が具体的な協議に入り、２０１４年10月からは岡山市、総社市及びＪＲ西日本の３者による基本計画検討会議を開始。２０１８年４月には岡山市、総社市、ＪＲ西日本との間で吉備線ＬＲＴ化が正式に合意された。

その概要は新駅を８カ所設置し、10年程度後の運行開始を目指すもので、総事業費が約２４０億円。岡山市が約70億円、ＪＲ西日本が約58億円、総社市が約21億円、残りは国庫補助金の適用を想定し、吉備線沿線を一新させる大きな期待を抱かせるものだった。

しかし、コロナ禍によって、ＪＲ西日本は大幅な減収減益となり、２０２０年度の運輸収入は前年度の半減となるほど壊滅的な影響を受けた。岡山市および総社市においても、経済停滞による税収の減少が財政状況を悪化させ、２０２１年２月７日、３者によってＬＲＴ化基本計画策定の中断が発表された。

協議再開の時期は未定で、関係者の財務状況の改善が待たれている状況だが、岡山市は他の問題も抱えている。

岡山電気軌道延伸イメージ

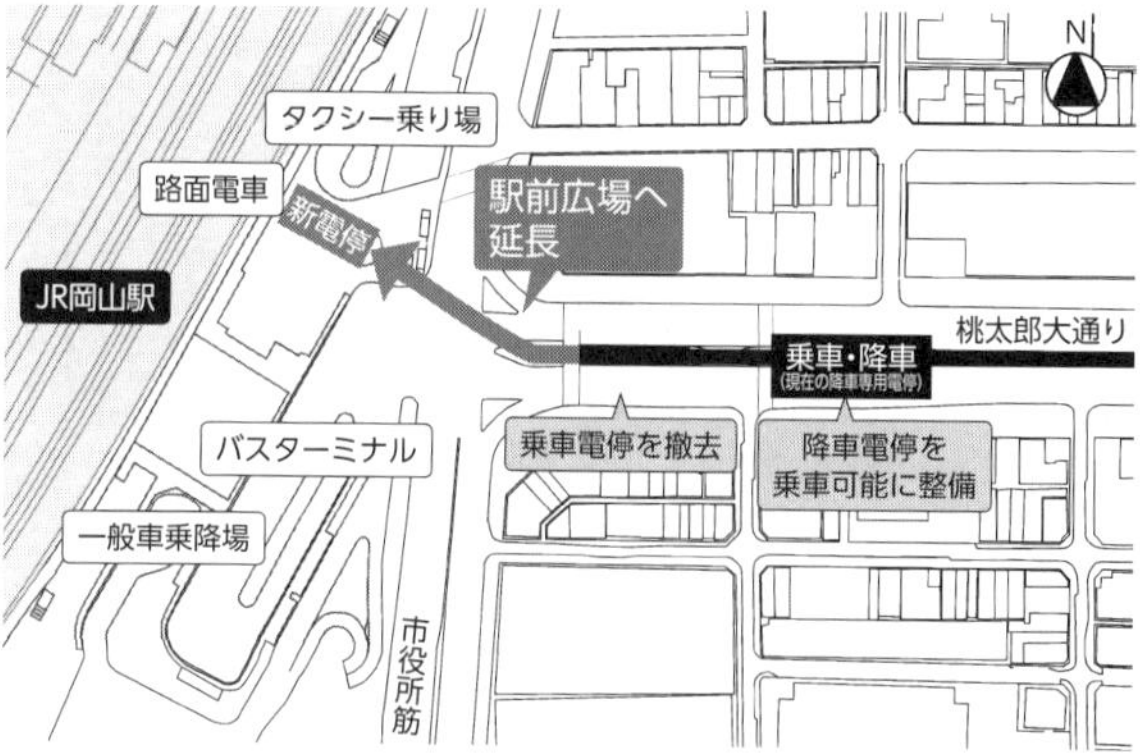

●わずか100mの延伸で四苦八苦

岡山市には路線距離わずか4・7㎞と日本最小の路面電車路線網を持つ岡山電気軌道が運行されている。明治時代に創業し、長きにわたり市民の足として運行を続けてきたことから、路面電車は身近なものであり、これは吉備線のLRT化計画を推進する一つの要素と言えよう。

しかし、その岡山電気軌道もいくつかの課題を抱えており、その最たるものが岡山駅前停留場の位置だ。この停留場は、駅前を走る道路を挟んだ岡山駅の反対側にあり、岡山駅東口からの距離は約180mと微妙に離れている。岡山駅から地下街を通っていけば雨を心配せずアクセスすることができるが、ここには階段しかないというバリアフリーの問題もある。さらに問題になるのはこの停留場では乗車と降車が分離されており、降車ホームは乗車ホームのさらに50m先にある。そして降車ホームでは地下道でのアクセスもなく、岡山駅にアクセスするには横断歩道を渡って歩道を歩く必要がある。このように、岡山駅での路面電車へのアクセス性は、以前より問題視されてきた。

こうした長年の懸案事項解決のため、岡山市は岡山駅前広場への乗り入れの検討を始め、2020年度に着工、2023年度に運用開始というスケジュールが決定されたが、火災に備えての避難通路が不備だったことから計画の見直しとなり、当初計画の事業費43億円から86億円に増額されることとなった。

しかし、あまりのコスト高から着工できず、岡山市は様々な付帯設備をカットした上で、事業費を66億円に圧縮した上で、開業時期を2025年度に延期した。

そうした経緯を経て、2023年1月10日にようやく着工されるものの、今度は工事の影響を受ける地下街店舗への休業補償の増加、インフレによる資材費の高騰などにより、事業費は再び約88億円へと上振れし、完成時期は２０２６年度へとずれ込むことが確実視されている。

●危惧される吉備線ＬＲＴ計画など、他の施策への影響

岡山電気軌道の駅前広場乗り入れと吉備線ＬＲＴ計画は全く別の施策である。しかし、吉備線ＬＲＴ化計画が中断されているのは、岡山市など、関係者の財務状況が悪化したためであり、岡山電気軌道の駅前広場乗り入れ事業費の上振れは、岡山市の公共交通政策に直結し、あながち無関係とは言えないだろう。

岡山電気軌道に限らず、近年の円安、インフレを考えると吉備線ＬＲＴの約２４０億円という事業費も相当上振れすることは間違いない。協議再開にあたっては、再び事業費の算出を行う必要があるが、３００億円以上と見積もられる可能性も十分にあり得る。

岡山市は吉備線ＬＲＴ化事業の他にも、岡山電気軌道の環状線化構想や延伸計画もある。さらに、これは具体的な計画ではないが、吉備線がＬＲＴ化されれば、同じ狭軌１０６７㎜である岡山電気軌道との接続も技術的に不可能ではない。実現すれば、岡山駅

によって分断された駅の東西が公共交通機関によって結節される。

宇都宮LRTの成功によって、全国各地でLRT、路面電車を見直そうとする動きがあるが、岡山市ではコスト高という現実が突きつけられている状況ではある。ただ、吉備線LRT化なども含め、それらは全て岡山市にとって必要な施策と考えられているからこそ、検討・計画されているのである。

とりわけ今後の高齢化社会にとって、誰もが安心して移動できる社会の実現は喫緊の課題であり、吉備線LRT化など公共交通の軸となる鉄軌道が担う役割は大きい。岡山市の公共交通施策の実現に向け、早急な協議や検討の再開が望まれる。

第4章　九州・四国

佐賀県はなぜフル規格新幹線を佐賀空港近辺に敷きたいのか？

西九州新幹線、新鳥栖駅から武雄温泉駅の区間では、フル規格新幹線を推す国、長崎県とＪＲ九州に対し、佐賀県はフル規格新幹線建設はゼロからの議論との態度を崩さず、議論は平行線を辿っている。そのような状況で、佐賀県は佐賀空港北を通る現在有明海沿岸道路付近への駅設置を提案し、この案であれば、交渉の余地があることを示唆している。これは佐賀県にとってどういう意味を持つのかを解説しよう。

●佐賀駅と佐賀空港の中間地点で周囲には何もない場所

佐賀県が提案する有明海沿岸道路のインターチェンジができる場所は、約13㎞離れた佐賀駅と佐賀空港のほぼ中間地点となり、空港西、空港東という2つのインターチェンジの設置が予定されている。有明海沿岸道路とは熊本県荒尾市から佐賀県白石町を結ぶ高規格道路で、ほとんどの区間はすでに開業済みだが、佐賀市内を通る諸富インターチェンジから佐賀ジャンクションの間が建設中であり、該当インターチェンジはこの区間にある。

また、この道路には佐賀県鹿島市から長崎県諫早市までの延伸構想もあり、これが実現すれば、有明海沿いに高規格道路で諫早から荒尾までつながるということになる。そうした有明海沿いに東西でつながる高規格道路と新幹線を結節しようというのが佐賀県の狙いだが、新幹線駅として提案されている場所が空港東、空港西というインターチェンジという名前からもわかるように、この場所に新幹線駅を設置するのは南へ8㎞ほどの場所にある佐賀空港へのアクセスも兼ねている。

●佐賀空港をなんとかしたい県の思惑

佐賀空港は非常に小規模で、国内線は現在羽田便のみ1日5往復、国際線は上海、ソウル、台北の3路線で週11往復の便が運航されている。そして、佐賀空港はまもなく陸上自衛隊との共用が開始され、輸送機V‐22、通称「オスプレイ」が配備される予定である。それに伴い、空港周辺は陸上自衛隊駐屯地の建設が進んでおり、2025年7月までの完成が見込まれている。

これらの状況を受け、佐賀県は空港の発展に向けて「佐賀空港がめざす将来像2024」を策定。東京便の増便や大阪・名古屋などへの新規路線の開設、国際線の増便、国際貨物線の開設などを目標に掲げ、さらに現在の2000mから2500mへの滑走路の延伸、空港施設の強化などの長期的な施策を掲げている。

この施策の大きな目的は福岡空港の代替としての役割を担うことだ。福岡空港は利用者数の多い空港の一つであり、現在それを緩和するために滑走路の増設工事が行われているが、それでも離着陸回数の増加は限定的であり、その容量不足が不安視されている。佐賀空港の施策はその容量不足を補う役割を狙っているわけだが、そこで空港アクセスを強化するために提唱されたのが佐賀空港経由ルートである。

仮に実現すれば、博多駅から25分程度で結ばれることになるが、技術的な問題、有明海での漁業被害などが懸念される。そのような理由で空港ルートは消滅したが、佐賀県は高規格道路との結節も可能で、空港にも近い有明海沿岸道路インターチェンジを新たな駅の候補地として提案したと考えられる。

●西九州新幹線は佐賀駅を経由する必要があるのか？

佐賀駅は佐賀市の玄関口であり、全ての特急列車が停車する主要駅である。2022年度の1日平均乗車人員1万6119人は佐賀県で1位、JR九州全体でも11位と、かなり利用者の多い駅である。

この駅の運行本数を見ると、早朝・深夜などを除き、1時間あたりの運行本数は特急列車が快速・普通列車を上回っている。実際、特急列車の通勤通学といった日常利用も多く、「新幹線は不要、在来線で十分」との佐賀県の主張もうなずける。

また、佐賀市は佐賀駅周辺の整備計画をほぼ終えたばかりであり、ここに新幹線を通すとなると、再びまちづくりの計画のやり直しとなる。また、佐賀駅周辺は県庁所在地としては比較的規模の小さな町ではあるが、それでも駅周辺にはホテルやオフィスビル、民家も多いため、用地確保は容易とは言えず、それも佐賀市が佐賀駅を受け入れがたい理由と考えられる。

しかし、それだけ利用者が多く、しかも優等列車の利用率が高い駅だからこそ、新幹線は佐賀駅を経由すべきと考えるＪＲ九州の考えも自然である。

●西九州新幹線だからこそ凝縮された複雑な理由

ＪＲ九州が西九州新幹線、佐賀駅経由を主張する理由は、佐賀駅の利用者数が多いこととは別に、並行在来線の問題も大きいと考えられる。「在来線で十分」と主張する佐賀県が、仮に西九州新幹線佐賀駅ルート建設に同意しても、並行在来線分離に同意することは期待できないだろう。

この前提に立つと、ＪＲ九州は西九州新幹線と在来線の経営を両立させなくてはならない。そのためには西九州新幹線と在来線の駅を同一場所、つまり佐賀駅とすることで、特急列車利用の乗客を新幹線へ転移させ、在来線と新幹線の乗り換えの利便性を高めることで、収益を最大化する必要がある。もし、有明海沿岸道路インターチェンジ付近に駅を設置すると、新幹線と在来線の結びつきはほぼ皆無となり、その経営効率は著しく低下する。

一方の佐賀県から見れば、博多方面に向かう場合、停車駅が新鳥栖駅のみとなる西九州新幹線では、現行の特急列車の代わりにはならない。あくまで西九州新幹線と在来線は全くの別路線であることが望ましい。

佐賀県にとって西九州新幹線の役割は、

・関西、広島方面への長距離移動だけに特化した交通手段
・「佐賀県がめざす佐賀空港の将来像２０２４」実現に向けてのアクセス強化
・有明海沿岸道路との結節による有明海沿いの自治体への新幹線の開業効果の波及

といった施策に寄与するものが望ましい。

●有明海沿岸道路駅はどちらにとって良いのかわからない

有明海沿岸道路インターチェンジと新幹線駅の併設は、新たな町の核になる可能性がある。たとえば、交通流動を期待し、駅周辺に巨大なショッピングモールでも建設され

れば、佐賀駅周辺の中心街の衰退も懸念される。今後の人口減少を考えると、町の機能集約が必要であり、二極化はまちづくりにおいて好ましいものとはいえない。

ＪＲ九州としては、佐賀駅経由ルートに比べ、インターチェンジ付近では用地確保が容易であり、建設期間の短縮につながる。現在最大の懸案事項は西九州新幹線が離島状態になっていることであり、一刻も早い問題解消のためには佐賀駅よりもインターチェンジルートの方が望ましいとも言える。

このように、西九州新幹線には絶対正解と言えるルートがなく、それが議論をより複雑なものとしているのではないだろうか。

大分県・宮崎県が独自に動き出す東九州新幹線の新ルートとは？

福岡から大分、宮崎を経由して鹿児島へと至る東九州新幹線は１９７３年11月15日、「建設を開始すべき新幹線鉄道の路線を定める基本計画」に追加され、50年以上の月日が流れているが、未だに建設への具体的な動きはない。そのような状況の中、大分県と宮崎県は独自のルートを提案し、建設の機運を高めるべく動き始めた。この両県が掲げる新ルートについて考察しよう。

●地域により熱量に大きな差……東九州新幹線の基本ルート

東九州新幹線の計画ルートは小倉駅で分岐し、日豊本線に沿って鹿児島中央駅へと至るもので、中津、大分、佐伯、延岡、宮崎、都城といった経由地が想定されている。

現在の整備新幹線建設においては沿線自治体による建設費用の負担、JRが求めた場合、並行在来線が分離されるが、すでに九州新幹線があり、域内における時短効果が限定的な福岡県、鹿児島県には東九州新幹線建設のメリットが見いだしづらい。

大分県や宮崎県が独自ルートの提案を始めたのは、この現状を鑑みて、より実現可能な方策を求めての動きと言ってよいだろう。

●日豊本線ルートよりも現実的？　大分県が提案する久大本線ルート

このルートは九州新幹線の新鳥栖駅で分岐し、久大本線に沿って大分へ向かうもので

久大本線ルートと日豊本線ルート

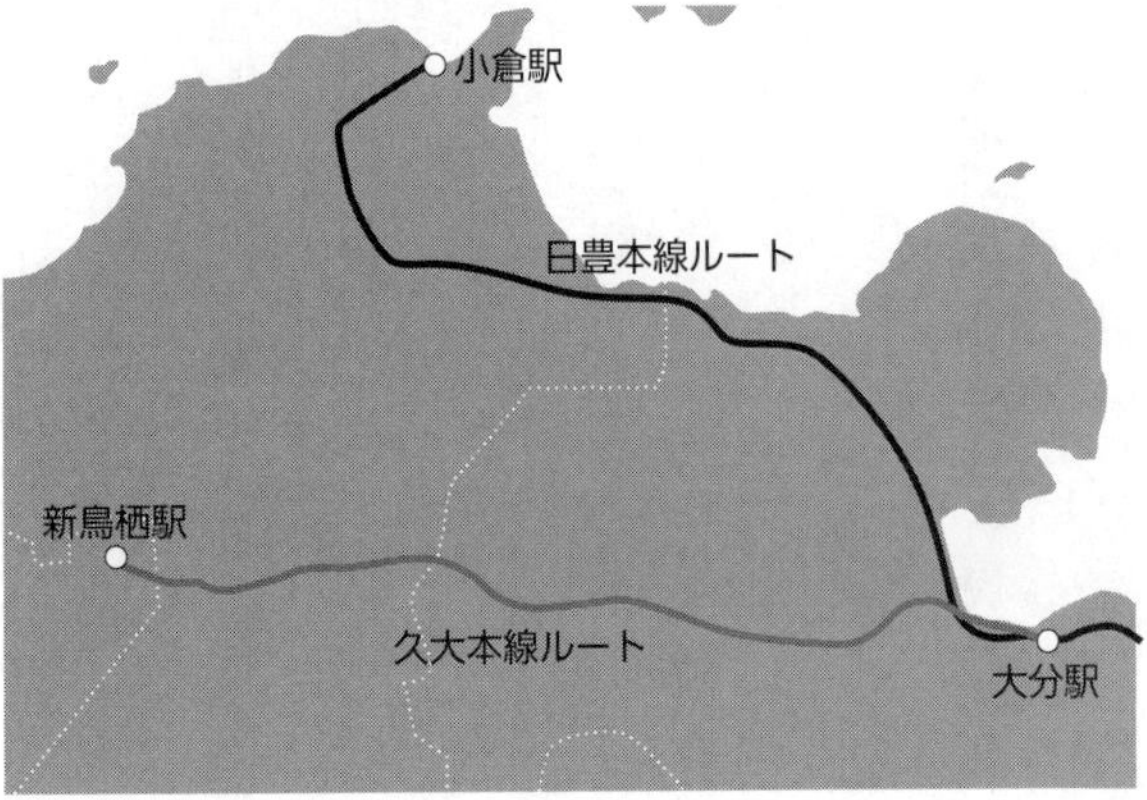

あり、途中駅など詳細なルートは決まっていないが、沿線最大の都市である日田や、知名度の高い温泉地である由布院などを経由するのが自然だろう。

建設事業費は日豊本線ルート案が８１９５億円、久大本線案は山岳部が多く、トンネル区間が多いため８３３９億円とやや高額になり、費用便益比においても日豊線案が１・27倍、久大線案が１・23倍と日豊本線ルートがやや優勢ではあるが、２つのルートにそこまで大きな差はない。

所要時間は博多駅までは日豊本線ルートで47分、久大本線ルートで46分と、ほとんど変わらないが、新大阪駅へは日豊本線ルートでは現行よりも50分ほど早い約3時間半、久大本線ルートでは4時間以上と、ここでは30分以上の差が開く。特に久大本線ルートでの新大阪への所要時間は現行の山陽新幹線と特急ソニック乗り継ぎの所要時間と大きく変わらない。

東九州新幹線の運行主体はJR九州となるが、博多駅から小倉駅の区間はJR西日本所有の山陽新幹線であるため、日豊本線ルートで博多駅と大分駅を結ぶ列車を運行する場合、様々な制約を受ける反面、久大本線ルートではそうした制約がないというメリットがあるといった具合に、どちらのルートも一長一短である。

こうした久大本線ルートの提案に対し、沿線の日田市では歓迎の意を示すのに対し、日豊本線ルート上の中津市は不快感を示しており、議論が2分されている。しかし、活発な議論が東九州新幹線建設促進運動の機運上昇にもつながるため、この状況は大分県にとっては好ましいものなのかもしれない。

●建設費は1兆円以上？　宮崎県にとってあまりに高額な日豊本線ルート

東九州新幹線について、宮崎県では深い議論が行われることがなかったが、2023

年11月、宮崎県知事が新八代ルートを有力な選択肢として示したことで、大きく状況が変わった。

宮崎県が新幹線に対する考えを変えたのは、２０２３年6月、政府が公表した「骨太の方針」にて、新幹線基本計画路線の今後の方向性について調査検討を行うと記載されたことによるもので、四国を始め、各地で次の新幹線誘致活動が活発なものとなっており、宮崎県においてもその検討を本格化させる時期がきたと判断されたと考えられる。また、大分県が久大本線ルートの提案で議論を活発化させたことにより、宮崎県でも全く別のルート構想を提示することで、同様の効果を狙ったこともあるだろう。

このような県知事の意向を受け、宮崎県は２０２４年度予算に、東九州新幹線調査費用を計上し、元々の日豊本線ルートに加え、日豊本線ルートの部分開業と言える鹿児島中央先行ルート、そして知事が選択肢として示した新八代ルートの３つを調査する方針が決定された。

日豊本線ルート及びその部分開業にあたる鹿児島中央先行ルートは、２０１６年3月の調査結果にて事業費の試算や時短効果が示されており、事業費は小倉駅が位置する北

新八代ルート

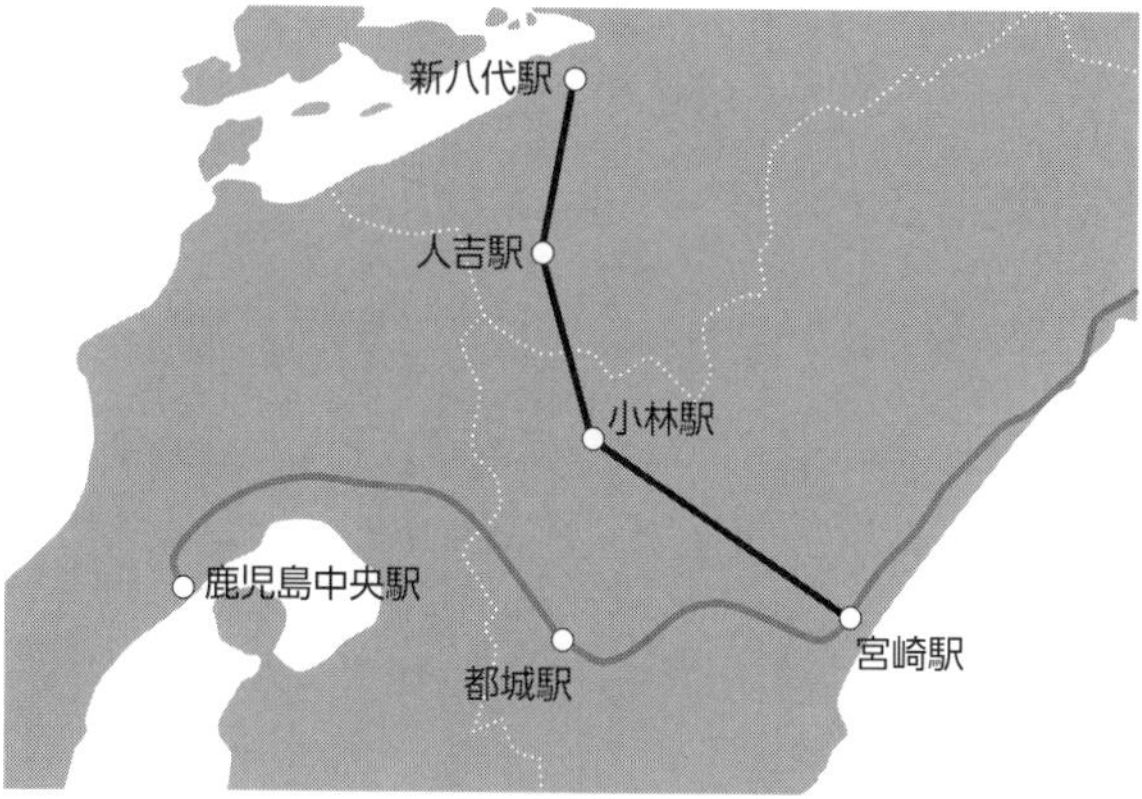

注）駅の場所やルートは筆者の推測によるもの

九州市から鹿児島市へのルートで総額２兆６７３０億円。大分駅から宮崎駅の区間で１兆１８４０億円、宮崎駅から鹿児島中央駅の区間が７１１０億円とされているが、８年前の調査結果であり、近年のインフレなどを考慮すると相当上振れしていると思われる。

　時短効果は大分駅から宮崎駅で現行約３時間20分が約50分に、宮崎駅から鹿児島中央駅が現行の約２時間10分から約30分にそれぞれ短縮されるとしている。博多駅を起点と考えた場合、日豊本線ルート、小倉駅、大分駅経由で宮崎駅まで約１時間40分。鹿児島中央駅経由だと最速のみずほでも1時間55分程度と見込まれる。

新たに検討される新八代ルートは九州新幹線新八代駅で分岐し、宮崎市へ向かうというルートであり、現在運行されている高速バス「B&Sみやざき」のルートに近いものと考えればよいだろう。まだ構想段階であるため、詳細なルートは未定だが、人吉市、えびの市や小林市辺りを経由すると考えるのが妥当だろう。

新八代ルートを人吉、小林経由として大まかな線を引くと約130km。同じように山間部を通る久大本線ルートの調査結果を元に大まかな事業費を試算すると、9000億円から1兆円と試算された。日豊本線ルートに比べれば、やや安価ではあるが、それでもかなり大きな事業費である。

仮に新八代ルートで新幹線が建設された場合、博多駅から宮崎駅の所要時間は1時間30分ほどと想定され、3つのルートの中で最も時短効果が大きい。ただし、久大本線ルートと同様、新大阪駅へ向かうと、かなり大回りになってしまうため、日豊本線ルートでは新大阪駅から宮崎駅が約3時間半、新八代ルートでは約4時間と30分の差が生じる。

また、宮崎へのルートの場合、航空機との競合も検討材料である。福岡空港から宮崎空港のフライトは所要時間45分であり、市街地に近い福岡空港と、鉄道とバス双方でアクセス可能な宮崎空港を発着地と考えると、新幹線の1時間30分という所要時間は航空機と五分五分といったところで、対大阪となると航空機が若干有利となる。

このように、大分県、宮崎県ともに新ルートを提案し、東九州新幹線建設の機運を高めるべく奮闘中である。ただ、どのルートにせよ福岡県や鹿児島県の賛同が必要であり、宮崎県が提案する新八代ルートでは、東九州新幹線には全く関係のない熊本県の協力が必要となる。こうした他県の協力を得るため、大分県と宮崎県には九州全体の利益につなげる活動が必要となってくる。

人口減少が深刻化する北九州市で小倉駅や北九州空港が果たす役割とは？

かつては九州一の大都市として、その名を馳せた北九州市だが、その座を福岡市へと譲って久しい。人口は減少の一途をたどり、様々な問題を抱えるが、北九州市は小倉駅、北九州空港という既存の交通インフラで、その現状を打破する試みが続けられている。

●北九州市はなぜこんなに衰退した？

北九州市は国際貿易港として発展してきた門司、小倉藩の城下町であった小倉、官営八幡製鉄所が設置され、重工業の町として発展した八幡、筑豊炭田からの石炭積出港の若松、石炭関連産業の戸畑という5つの都市で構成され、これらの5つの都市は1963年に合併し、北九州市が誕生した。

当時、三大都市圏を除く地域では初めての政令指定都市であり、人口規模では福岡市を超える九州最大の都市となった。しかし、合併時からすでに北九州市を取り巻く状況は厳しさを増していた。それは産業構造の転換である。

1950年代からエネルギーの主体が石炭から石油へと移り変わり、1976年には筑豊炭田の全鉱山が閉山。そして1973年のオイルショック、円高進行により、国際競争力を削がれた鉄鋼業は冬の時代を迎えた。このように、石炭、鉄鋼業という北九州市を支えた基幹産業の衰退、それに変わる産業への転換がうまく図れなかったため、人口は減少を始めた。

国勢調査によると北九州市の人口は1980年、約107万人をピークに減少を始め、2020年には約94万人にまで減少しており、2050年には約73万人にまで減少という衝撃的な予測がされている。一方福岡市の人口は1980年に約109万人と、この時点で北九州市は九州1位の座を明け渡した。そして、2020年の福岡市は約161万人であり、今後2035年までは人口が増加する見込みと、2つの都市の差は比較にならないほど大きなものとなった。

このように非常に厳しい状態にある北九州市だが、その現状を変えるべく、既存の交通インフラを活用した施策が実行されている。

●「JR九州」ではなく「JR西日本」と連携する小倉駅

北九州市の最大の駅である小倉駅は、山陽新幹線の全列車が停車し、在来線では、鹿児島本線と日豊本線という九州の大動脈の分岐点であり、特急ソニックを始め、多くの列車が発着。関門海峡を挟んだ下関方面からの通勤・通学利用者も多い。また、駅コンコースには北九州モノレールのホームもあり、市内中心部と郊外を結ぶ地元住民の足としての役割を担っている。

衰退したとは言え、政令指定都市である北九州市の玄関口として、JR九州では福岡駅に次いで利用者の多い駅であり、駅の南口には多くの商業施設やオフィスビルが軒を連ねている。

その南口の駅ビルにはアミュプラザ小倉とJR九州ステーションホテル小倉というJR九州資本の商業施設が入っている。今やJR九州の主要駅ではお馴染みの商業施設、アミュプラザだが、その1号店は1998年の駅ビル開業に伴い、この小倉駅に建設されたものである。北九州モノレールは、この駅ビルから飛び出すように発着しており、小倉駅の象徴的な風景となっている。

そして北側の新幹線口には商業施設は少ないものの、西日本総合展示場、Jリーグ「ギラヴァンツ北九州」の本拠地ミクニワールドスタジアム北九州などがあり、駅の南側とは違った顔を持つ。

小倉駅はJR九州にとって重要な拠点であるが、2024年5月に、北九州市はJR九州ではなく、JR西日本と新幹線を軸にした観光・MICE分野での連携協定を締結した。

その連携には新幹線を活かした広域誘客、福岡空港利用者の北九州市への誘客、北九州でのイベント誘致などが盛り込まれているが、そこで利用されるのが駅北側の西日本総合展示場やミクニワールドスタジアム北九州である。

駅の至近距離で、さらに新幹線でアクセス可能という立地条件をフルに発揮すれば、大規模イベントへ広域からの集客が可能となるため、新大阪、広島、博多などに接続する山陽新幹線を運行するJR西日本との連携は北九州市にとってもメリットが大きい。

また、新幹線の長時間の運転見合わせの際には、西日本総合展示場を一時利用する施策も含まれており、これも駅近くの大規模施設を利用するという一風変わった試みである。

●「北九州空港大作戦」で殻を打ち破れるか？

九州の中心が福岡市に移り、町の中心地である博多や天神に地下鉄で直結する福岡空港は、日本で最も便利な空港といっても過言ではなく、北九州空港はどうしてもその影に隠れてしまい、今ひとつ存在感を発揮することができていない。

海上空港であり、九州・中四国で唯一の24時間運用可能という大きな長所を持つ北九州空港だが、欧米からの大型機が離発着できない２５００m滑走路という制限もあり、ここまで伸び悩んできたのが現状だ。

しかし、弱点である滑走路は２０２７年度までに３０００mへの延伸が計画されており、大型機の離発着が可能となる。さらに、町の中心部に近い福岡空港は、離発着が7時から22時に制限されていることもあって、離発着回数は限界に達しており、北九州空港がその受け皿となる余地は十分にある。

これらの状況から、北九州空港のポテンシャルを最大限発揮させ、稼げる空港へと変貌させる。これが２０２３年2月に就任した武内市長肝いりの施策「北九州空港大作戦」である。

具体的には、24時間運用、苅田北九州空港ＩＣから九州各地への高速道路でアクセス可能な立地、海上空港の特徴を活かした空運と海運のシームレスな輸送など、そのメリットを最大限活かし、物流拠点化を図ろうとするものだ。

旅客輸送についても、空港へのアクセスが問題とされており、小倉駅ノンストップのバスを1・5倍、最寄りの朽網駅からのバスを1・9倍に、それぞれ増便するなどの利便性向上を図っており、JR九州には朽網駅への特急列車の停車を働きかけている。

これらの施策が成功し、利用者が増えれば、将来的には過去に検討されたものの需要不十分として凍結された鉄道乗り入れの検討の再開も視野に入ってくる。

このように北九州市では、既存の交通インフラをブラッシュアップすることで、その停滞感を打ち破る様々な施策に取り組んでいる。鉄路や空路が町の活性化にもたらす影響は興味深く、今後も注視したい。

肥薩おれんじ鉄道の将来が極めて深刻な理由

熊本県の八代駅から鹿児島県の川内駅までの肥薩おれんじ鉄道の経営が非常に深刻な状態に陥っている。この状況は2つの県で運営する第三セクター鉄道経営の難しさを示しているが、何が問題なのだろうか？

●肥薩おれんじ鉄道の成り立ち

2004年3月の九州新幹線の新八代駅から鹿児島中央駅までの開業に伴い、鹿児島本線の八代駅から川内駅までの区間が並行在来線として経営分離された。この区間を継承した第三セクター鉄道が肥薩おれんじ鉄道である。

整備新幹線開業に伴う並行在来線として経営分離された第三セクター鉄道は、肥薩おれんじ鉄道以外にこれらの第三セクター鉄道がある。

・北海道新幹線……道南いさりび鉄道
・東北新幹線……青い森鉄道とＩＧＲいわて銀河鉄道
・北陸新幹線……しなの鉄道、えちごトキめき鉄道、あいの風とやま鉄道、ＩＲいしかわ鉄道、ハピラインふくい

これらの第三セクター鉄道に共通するのは、県境部分を除き、単一の県で第三セクタ

ー鉄道が設立されていることであり、熊本県と鹿児島県にまたがる肥薩おれんじ鉄道はこれらの鉄道とは異なる。並行在来線のみならず、第三セクター鉄道全体を見れば、つくばエクスプレスのように、東京都、千葉県、埼玉県、茨城県のように4つの都県にまたがっているものもあるが、その多くは単一の県で運営されている。

●第三セクター鉄道が単一の県で運営されることが多い理由

第三セクター鉄道は都道府県、市区町村といった沿線自治体、地元企業などの民間資本によって設立されるものだが、主体となるのは都道府県であるため、多額の公的資本投入が前提となっている。これが複数の県にまたがるような第三セクター鉄道である場合、その公的資金の分担率が問題となる。

分担率の計算方法には、路線距離、駅数、駅の規模、利用者数、トンネルや橋梁などの線路施設の数など、様々な要素が絡み合うため、その割合を決めることが非常に難しい。第三セクター鉄道が単一県内で完結するのはそのためだ。

●なぜ肥薩おれんじ鉄道は2つの県での運営なのか

熊本県と鹿児島県は、九州新幹線開業にあたり、鹿児島本線の八代駅から川内駅間をJR九州から経営分離し、第三セクター方式の鉄道として運営することに合意したが、どのような形で運営するかの決定には時間を要した。

この区間の路線距離が熊本県内56・1km、鹿児島県内60・8kmとほとんど変わらない一方、収支予測が熊本県内区間に比べ、鹿児島県内区間はやや厳しいとされた。そのため、熊本県は第三セクター鉄道の合同設立に難色を示したが、鹿児島県は単独での第三セクター鉄道経営は困難として、合同での設立を主張した。

その結果として、出資および初期投資の負担は両県で1対1とするものの、赤字が発生した場合には、状況に応じて負担割合を調整することで対応することとして、熊本・鹿児島両県合同で肥薩おれんじ鉄道が設立されたわけだ。

●想定を上回る経営環境の厳しさ

厳しい経営が予想された肥薩おれんじ鉄道だが、全社員の9割をJR九州からの出向とすることや、線路施設を安価に譲り受けるなど、JR九州からの支援を受けることで、営業経費や初期費用を圧縮した。

また、旅客車両は気動車を導入し、電化設備は貨物列車のために維持することで、JR貨物からの線路使用料の割合を高めるなど、徹底的な収支改善を行うことで、開業10年後の2013年度には黒字決算が見込まれていた。

しかしながら、開業2年目から赤字が続き、観光列車「おれんじ食堂」の運行など、観光需要の掘り起こしには成功するものの、少子高齢化や高速道路の整備などにより、通学客を除き、沿線住民の利用は伸び悩んだため、抜本的な経営改善には至らず、2014年には、熊本県が13億円、鹿児島県が14億円の追加支援を行うことが決定された。

●熊本県と鹿児島県の間の温度差

支援を決定した熊本県と鹿児島県だが、その仕組みには大きな違いがあった。それは熊本県では県と沿線自治体が13億円全額を拠出する一方、鹿児島県では県と沿線自治体の負担額は4億円に過ぎず、残りの10億円は鹿児島県の市町村振興協会の基金から拠出された。

市町村振興協会基金は鹿児島県の全自治体の共有財産であるため、肥薩おれんじ鉄道が通らない自治体からの反発は非常に大きなものがあったが、「肥薩おれんじ鉄道では貨物列車が運行されており、これが鹿児島県全体の物流に貢献している」との説明で、何とか基金からの拠出を決めたわけだ。

●市町村振興協会からの最後通牒

鹿児島県では2023年度からの5年間の支援策として、新たに7億1900万円の支援継続を正式に決定したが、これも鹿児島県市町村振興協会の基金からの拠出であり、市議会議長会議などで反対意見も多い中、何とか関係者からの合意を取り付けた。

　この基金は現在74億円あり、そのうちの10％を使用することになる。各市町村の財政は厳しく、人口減少と税収減少の中で公共交通やインフラへの支出が求められているため、この支援継続は大きな決断であるが、基金からの拠出は今回限りと念押しされることとなった。５年後、肥薩おれんじ鉄道への支援策が継続されるのか否か、今から不安が募るばかりである。

●2つの県で運営する難しさ

　熊本・鹿児島両県によって運営されている肥薩おれんじ鉄道だが、鹿児島県では支援金の拠出が難しく、利用者数が減少する中、今後の路線の維持が不安視される。

　しかし、現実問題として、肥薩おれんじ鉄道の鹿児島県内部分だけを廃線する場合、熊本県の合意を取り付ける必要があり、その調整は困難を極める。特に、鹿児島県内の収支予測の厳しさから、両県合同で肥薩おれんじ鉄道を設立した経緯を考えると、鹿児島県の都合で廃線にすることは難しいだろう。

また、鹿児島県の物流を担う貨物列車の運行が継続する限り、旅客線としては廃線にできても、貨物線として維持する必要があり、鹿児島県の負担がゼロになることはない。さらに高校生の通学手段の確保、バスのドライバー不足を考えれば、廃線できないだろう。そうした状況から、熊本県と鹿児島県を中心に法定協議会が設置され、今後も路線の維持が可能な方策が話し合われる見込みだ。

肥薩おれんじ鉄道が現在抱える問題は、2つの県で運営することだけが問題ではないが、2つの県の合同経営であるため、その問題をより複雑なものとしている。

利用者にとっては、県境で鉄道会社が変わることで、乗り換えが必要であったり、運賃が割高になったりと、デメリットばかりだが、肥薩おれんじ鉄道を見ると、第三セクター鉄道が単一県で完結している理由がおわかりいただけるのではないだろうか。

なぜ代行バスではダメなのか？
日田彦山線がBRTとして運行

日田彦山線は、2017年7月の九州北部豪雨により大規模な被害を受け、添田駅から夜明駅の区間で不通となり、２０２３年8月に、この区間は「ＢＲＴひこぼしライン」の愛称でＢＲＴでの運行が開始された。ＢＲＴ運行開始前も代行バスが運行されていたが、代行バスではなく、同じバスでもＢＲＴと代行バスでは大きな違いがある。この区間がＢＲＴ化された理由について解説したい。

●鉄道ではなくＢＲＴとして復旧された理由

日田彦山線が豪雨で受けた被害は「ゼロから鉄道を造るようなもの」（当時のＪＲ九州社長青柳氏のコメント）とされるほど巨大なものであり、復旧費用は国の補助などを使っても、約56億円とされた。

被災した添田駅から夜明駅の区間は、輸送密度２９９とＪＲ九州の路線では5番目に利用者の少ない線区であり、沿線の将来人口推計も減少傾向であることから、ＪＲ九州は自社単独での復旧は困難との態度を示し、鉄道での復旧の場合、沿線自治体における復旧費用の一部負担とともに、さらに復旧後の路線維持管理については、自治体が線路施設を保有し、ＪＲ九州が運行を担う上下分離方式として、年間約1億６０００万円の負担を要望した。

沿線自治体は大きな費用負担に難色を示したため、鉄道以外の復旧方法を模索。その結果として採用されたのがＪＲ九州が運営するＢＲＴである。

●ＢＲＴとはいえ専用道は限られた区間

日田彦山線のうち、ＢＲＴに転換されたのは添田駅から夜明駅までの29・２㎞の区間であるが、鉄道として運行されていた頃と同じく、ＢＲＴひこぼしラインとして、久大本線の日田駅まで乗り入れており、運行区間としては37・７㎞となる。

ＢＲＴといえば、鉄道の廃線跡を道路に転用し、路線バスにはない速達性や定時性を確保するものであるが、ＢＲＴひこぼしラインにおいて、専用道を走るのは彦山駅から宝珠山駅までの14・１㎞と、全運行区間の半分にも満たない距離である。

この区間だけをＢＲＴ専用道としたことには２つ理由がある。

１つ目が並行する道路の問題だ。左の地図をご覧いただくとお分かりいただけると思うが、ＢＲＴ転換前に運行されていた代行バスは国道５００号から２１１号を経由し、

BRTひこぼしライン

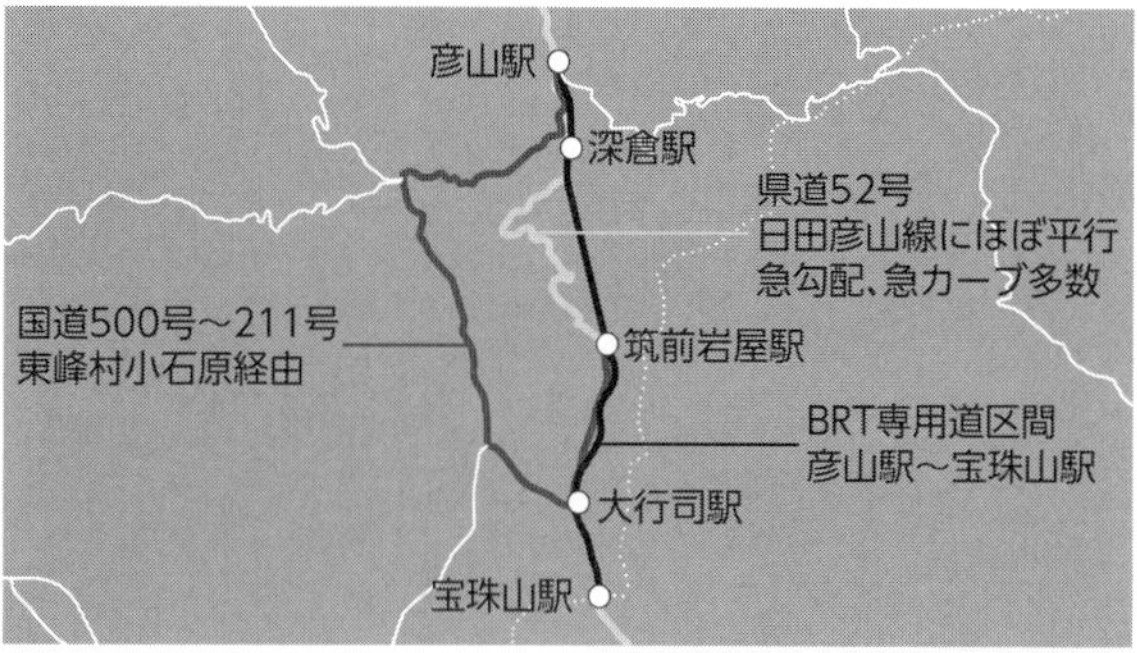

鉄道を「代行」するバスであるにも関わらず、日田彦山線から外れた場所を走っていた。

これは日田彦山線の彦山駅から筑前岩屋駅の区間で並行する道路が県道52号だけであり、この道路は急勾配、急カーブが多く、バスの運行に適していないため、かなり大回りな国道500号と211号を経由せざるを得なかったためだ。

当然のことながら、これだけ大回りすれば、所要時間も伸びてしまい、鉄道に比べ速達性が大きく劣ってしまう。そうしたことから、「難所」とも言える彦山駅から筑前岩屋駅の区間の廃線跡を転用し、バス専用道としたわけだ。

ただ、難所を越えるだけなら、筑前岩屋駅から宝珠山駅までの区間はBRTにする必要もない。

それが2つ目の理由である、東峰村への配慮だ。

日田彦山線の復旧検討会議において、鉄道としての維持を最後まで訴えたのが沿線自治体の1つである東峰村である。被災した区間は福岡県添田町、東峰村、そして大分県日田市だが、添田町には日田彦山線の添田駅以北の区間、日田市には久大本線があるのに対し、東峰村は日田彦山線が廃止されれば、村内を通る鉄道路線を失ってしまうことになる。そうしたことから、東峰村の日田彦山線廃線への危機感は他の自治体よりも強かったわけだ。

日田彦山線が被災した区間では、筑前岩屋駅から宝珠山駅の区間が東峰村内に位置している。そのため、BRTの専用道区間を宝珠山駅まで延伸し、東峰村内の区間を限りなく鉄道に近い状態として復旧させたのだ。

一方東峰村外となる添田駅から彦山駅、宝珠山駅から日田駅においては、道路状況もよく、特に廃線跡を使う必要もないため、バスは一般道を走行し、廃線跡の道路転用にかかる費用を抑えている。

●廃線後の転換バスにはない？　鉄道会社が運営するＢＲＴのメリット

こうして運行を開始したＢＲＴひこぼしラインだが、その最大のメリットはＪＲ九州のネットワークとして、鉄道の路線図にもしっかりと記載されている点だ。

鉄道路線の廃線にあたって、沿線自治体が危惧するものの一つが、ＪＲのネットワークから外れてしまい、路線図からも消えることだ。それにより、沿線自治体の知名度が下がり、町の賑わいが失われてしまうことへの危機感は強い。

また、過去にバス転換された路線では、時刻表などの地図から消えてしまい、転換されたバス路線が廃止されてしまっているようなケースもあるため、自治体は鉄道の廃線に対して反発することが多い。

ＪＲが運行するＢＲＴは、専用道を走ること以外、運行は通常のバスと何ら変わらない。ただ、ＪＲ東日本が運行する三陸海岸の大船渡ＢＲＴ、気仙沼ＢＲＴも同様だが、ＪＲの路線図に鉄道と同様に記載されており、自治体が危惧する「ＪＲのネットワークから外れる」というデメリットが解消されており、これがＪＲの運行するＢＲＴの最大のメリットである。

●鉄道時代にはなかったメリット

鉄道は線路や駅といった専用の施設が必要であり、線路上しか走ることができない。一方のバスはある程度の道路であれば、どこでも走ることができるため、運行ルートの変更や、新たな停留所の設置も容易である。この柔軟性は鉄道にはない、バスのメリットである。

BRTひこぼしラインの開業にあたっては、新たに24駅が設置され、沿線住民にとっては、鉄道以上に使いやすいものとなったことは間違いないだろう。

また、2024年3月のダイヤ改正では、光岡駅から日田駅の区間ルートに変更が加えられ、直行ルートと高校ルートの2種類が設定された。これまでと同様の光岡駅から日田駅まで直行するルートに加え、朝夕の通学ニーズに応えるため、沿線の4つの高校や市役所へ立ち寄る高校ルートを加えたのだ。

ルート変更の柔軟性、ニーズに応えるレスポンスの速さは鉄道ではできない芸当であり、バス運行のメリットが最大限に生かされたものだろう。

沿線自治体が鉄道を失うことへの危機感を抱くことは理解できるが、ＢＲＴひこぼしラインへと転換された後の姿を見ると、日田彦山線のＢＲＴ化は正しい選択であったと考える。

四国新幹線はＪＲ四国を救えるのか？

四国新幹線の実現に向けて、四国4県の動きが活発化している。ＪＲ旅客6社の中で唯一新幹線を持たないＪＲ四国にとっても悲願と言えるものだが、新幹線開通はＪＲ四国の経営改善の助けとなるものか考察したい。

●徳島県の方針変更で四国が一致団結

四国新幹線には瀬戸大橋ルートと、和歌山から紀淡海峡をトンネルまたは橋梁で越え、淡路島、鳴門海峡を通る紀淡海峡ルートがあった。

四国新幹線(構想)

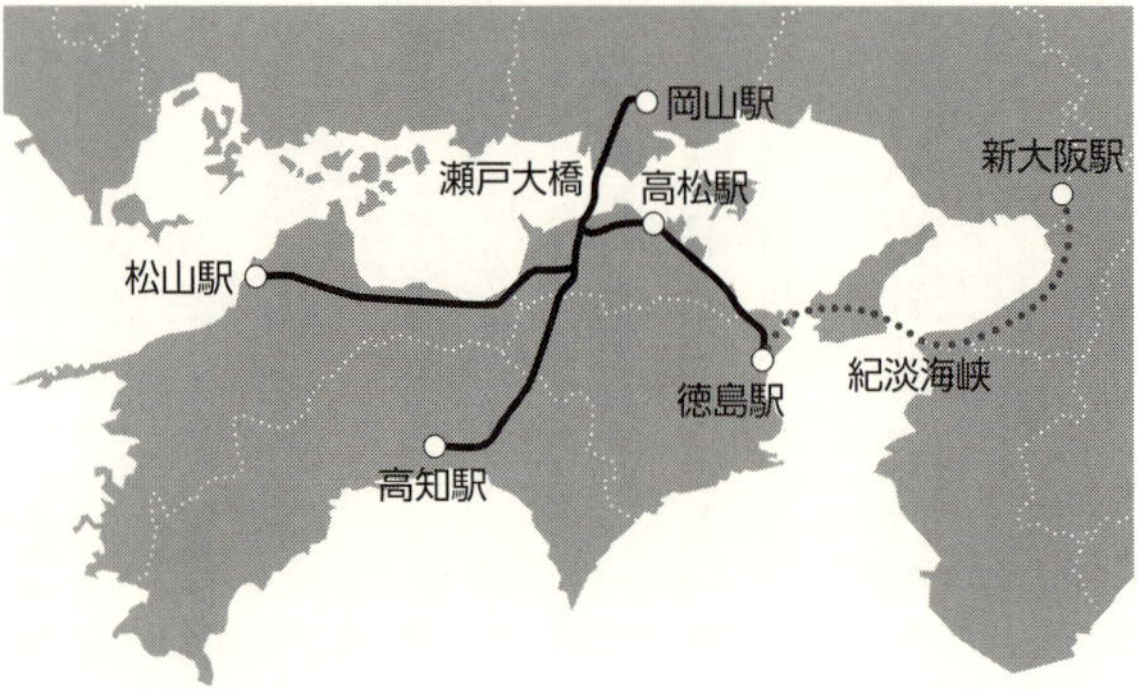

瀬戸大橋は建設時から新幹線のスペースが確保されており、四国新幹線の最有力ルートとされていたが、徳島県は大阪へ大回りになるルートを懸念し、距離的に近く、利便性が高い紀淡海峡ルートを要望していた。

しかし、紀淡海峡にはトンネルも橋梁もないため、莫大な費用を投じて新たに建設する必要があり、徳島県以外ではその実現性に疑問符が付けられ、四国4県で足並みが揃わない状況が続いていた。

この状況に変化が生じたのは、2023年5月、徳島県、後藤田知事の就任である。知事は徳島県は紀淡海峡ルートの可能性を残しつつも、四国4県の団結を優先し、まずは瀬戸大橋ルートの開通を実現させる方針へと転換した。

この変更により、四国全体で一体となって新幹線の早期整備を目指す動きが加速。四国の政財界で構成される四国新幹線整備促進期成会から、国土交通省や財務省、政府与党に要望書が提出されたことで、四国新幹線の整備実現に向けた大きな一歩が踏み出された。

●ＪＲ四国にとって歓迎すべき動き

ＪＲ四国の鉄道事業は厳しい状況が続いており、黒字路線は本四備讃線のみ。しかも、その黒字も微々たるものであり、他の路線を内部補助で支えられるようなものではない。

ＪＲ四国の路線は高速道路と競合しており、路線や車両の改良でスピードアップが図られてきたが、在来線高速化も限界に達しており、根本的な解決策が必要とされている。それを可能とするのが四国新幹線である。

そして、ＪＲ四国は新幹線建設により、並行在来線の分離が可能となる。四国新幹線が高松、徳島、松山、高知へと整備されれば、本四備讃線全線、予讃線の高松駅～松山駅、高徳線全線、土讃線の多度津駅〜高知駅が並行在来線となることが予想される。どこまでを分離するかはＪＲ四国の考えによるが、前述の通り、本四備讃線以外は全て赤字であるため、対象区間全てを経営分離しても驚きはない。

また、四国新幹線は整備新幹線になるため、線路施設は鉄道・運輸機構が保有し、ＪＲ四国は線路使用料を支払って、運行することになる。線路使用料は「新幹線を開業した場合の30年間の収益合計」から「建設しなかった場合の30年間の収益合計」を30年で割ることで算出することになっているため、新幹線の運行でＪＲ四国が大きな赤字を抱えることは考えづらい。

大きな赤字を計上する在来線と、利益を期待できる新幹線を交換することで、ＪＲ四国の経営改善に大きく寄与できるわけだ。

●置き去りになる数多くの問題

四国の政財界が早期整備を目指す四国新幹線だが、その分岐点は岡山県内となるため、岡山県にも建設負担費が発生する。しかし岡山県が、四国新幹線から得られるメリットは限定的であるため、四国4県と岡山県でどのように合意形成を図るのかは非常に高いハードルだ。

また、活発な政財界の動きとは裏腹に、一般市民の関心が高いとは言えない。その機運醸成のためとはいえ、現在新幹線のメリットばかりが強調されており、デメリットについてはほとんど言及されていない。

新幹線建設による沿線自治体の最大のデメリットは並行在来線である。前述の通り、JR四国は並行在来線全てを分離しても不思議ではない状態であり、第三セクター鉄道として維持する場合、沿線自治体では大きな財政負担が伴う。

また、貨物列車が運行されているのは予讃線のみであり、その他の路線ではJR貨物からの線路使用料も得られない。このような線区では、廃線も現実的な選択肢となり、公共交通体系の再構築が強いられる。

そして、新幹線の建設には多額の公共投資が必要となるが、それに見合うだけの経済効果は得られるのか、オープンな議論が求められる。

四国新幹線の早期整備に向けた動きは歓迎されるが、その進行過程においては、メリットだけでなくデメリットや課題についても十分に議論し、後にしこりを残さないためにも、地域社会全体で合意形成を図ることが重要である。

●新幹線には期待が寄せられるものの……

四国4県が一致団結して、四国新幹線整備に向けて積極的な活動が行われているとは言え、建設が決定したわけではなく、仮に整備計画となっても、その完成には数十年という歳月を要する。

しかし、JR四国は中長期計画において、2031年度の経営自立を目標に掲げており、新幹線には大きな期待が寄せられるものの、その完成を待つ時間的猶予はない。他の事業による経営の立て直しが喫緊の課題である。

JR四国では非鉄道事業の拡大が中長期計画の柱であり、飲食・小売業、不動産事業といった、これまでの事業の拡大に加え、ファンド会社設立による中小企業のM&A推進と連携。支援期間終了後の企業のJR四国のグループ入りといった新規事業によって、経営基盤の強化が進められている。

また、非鉄道事業全体に言えることだが、四国内のみならず、四国の島外に目を向けられたものとなっている。四国には北海道の札幌、九州の福岡といった政令指定都市もなく、市場規模が限られていることから、新しいビジネスモデルでは、四国外での展開・拡大が大きな鍵となる。

そして、赤字ローカル線の存廃議論も避けては通れない。ＪＲ四国は予土線、牟岐線の阿南駅～阿波海南駅、「愛ある伊予灘線」の愛称を持つ予讃線の向井原駅～伊予大洲駅の3線区については、その輸送密度の低さから鉄道が最適な交通体系として機能していないとの見解を示しており、沿線自治体と協議する意向を示している。減少の一途をたどる沿線人口を考えると、かなり厳しい協議となることが予想される。

このように、ＪＲ四国には四国新幹線の実現以前に、２０３１年度の経営自立の目標達成に向け、成すべきことが山積みである。だが、２０３１年度までに四国新幹線が正式な整備計画となっていれば、その後の長期計画において大きな助けとなる。今後の四国新幹線誘致の動き、ＪＲ四国の取り組みについては、引き続き注視していきたい。

新駅ビル建設とサンポート高松の再整備で大きく変わる高松駅 ことでんは蚊帳の外か？

高松市の交通拠点であるJR高松駅では新しい駅ビル「TAKAMATSU ORNE」がオープンし、周辺地域のサンポート高松でも大規模な整備計画が進行中だ。これらの計画がJR四国や高松市、地方私鉄である「ことでん」に及ぼす影響を考察する。

●変化が続く高松駅の役割

高松駅は高松港に近い場所に位置しており、かつては岡山県の宇野駅との間に宇高連絡船が運行され、名実ともに本州とつながる四国の玄関口として重要な役割を果たしていた。しかしながら、1988年瀬戸大橋が完成し、本四備讃線が開通すると、岡山駅から松山駅や高知駅へ特急列車が直通し、高松駅の玄関口としての役割は大きく低下した。

宇高連絡船廃止後、高松駅は西へ300m移動し、かつて連絡船が発着していた桟橋は埋め立てられ、再整備された。その場所は現在はサンポート高松と呼ばれ、高松シンボルタワーやＪＲホテルクレメント高松などの大型施設が立地しており、四国の新たな拠点としての役割を担うようになった。宇高連絡船廃止後、その役割が低下した高松駅も、サンポート高松の整備とともに、新たな四国の拠点としての役割が期待されるようになった。

現在でも岡山駅と高松駅の間では快速マリンライナーが高頻度で運行され、この列車が運行される本四備讃線はＪＲ四国では唯一の黒字路線である。本四備讃線における快速マリンライナーの運行本数は他の列車とは段違いに多く、この列車が本四備讃線の黒字に大きく貢献していることは間違いない。また、予讃線の高松駅から多度津駅の区間はＪＲ四国で最も輸送密度が高い区間であり、さらに高松駅はＪＲ四国の中でも最も乗車人員の多い駅である。高松駅にはＪＲ四国の本社も隣接しており、現在においても、高松駅はＪＲ四国にとって最重要拠点である。

●「TAKAMATSU ORNE」に見るJR四国の戦略

その高松駅をさらに強化するため、JR四国は新しい駅ビル「TAKAMATSU ORNE」を2024年3月に開業した。高松駅では、これまでもCOM高松という名前で小規模な商業施設を展開していたが、新たに北館を増設し、無印良品やTSUTAYAなど約50店舗をテナントに加えた。これにより、高松駅全体の商業スペースはこれまでとは比べ物にならない規模となり、その集客力もかなり向上した。

ほぼ全ての鉄道会社がコロナ禍の影響を受け、鉄道外事業に重点を置く傾向がある中、JR四国も例外ではなく、小売業の拡大もその一つである。その拡大施策の中で、最も旅客需要が高い高松駅ビルの拡張によって鉄道外事業の収益拡大を狙ったわけだ。

また、JR四国は新しい駅ビルの名称であるORNEを、TOKUSHIMA ORNE、KOCHI ORNE、MATSUYAMA ORNEといった名称でも商標登録しており、TAKAMATSU ORNEを皮切りにJR四国における小売業におけるブランド化を図る施策と考えられる。今後はJR四国が持つ各拠点駅での展開も視野に入れていると思われ、その第1号店となるＴＡＫＡＭＡＴＳＵ　ＯＲＮＥの順調な滑り出しによって、２０２４年９月29日に高架化が完了した松山駅での展開も検討されるのではなかろうか。

●高松駅周辺で進む大型事業

ＴＡＫＡＭＡＴＳＵ　ＯＲＮＥの開業で集客力を高めつつある高松駅だが、駅周辺では他に大型プロジェクトが事業中である。まず２０２５年４月、徳島文理大学の香川キャンパスがＴＡＫＡＭＡＴＳＵ　ＯＲＮＥに隣接する用地に移転する予定である。これにより高松駅の通学需要の増加による鉄道収益の拡大、ＴＡＫＡＭＡＴＳＵ　ＯＲＮＥの売り上げ向上が見込まれる。また、大学生のアルバイトといった労働力の確保といった別の側面でのプラス効果も期待できるだろう。

そして、高松駅に隣接するサンポート高松では、２０２５年３月、新しい県立体育館「あなぶきアリーナ香川」が完成予定だ。中四国最大規模となるアリーナはスポーツ大会やコンサートに使用され、これらも高松駅の利用者数拡大に寄与するだろう。さらに、

2027年夏には四国電力が過半を出資し、JR四国なども参画する合同会社が「マンダリンオリエンタルホテル」をオープンする予定である。外資系最高級ホテルの進出で、富裕層を中心としたインバウンド誘客、外資系企業進出の促進が期待される。

●高松で進む再開発の中で「ことでん」は……

高松には「ことでん」の愛称で親しまれる高松琴平電気鉄道という私鉄路線もある。その高松琴平電気鉄道の駅は高松城に隣接した高松築港駅であり、高松駅からは徒歩圏内であるが、駅前広場と大きな道路を横切る必要があり、その乗り換えの利便性は決して高いものとは言えない。

元々高松駅と高松築港駅は道路を挟んだ向かい合わせの位置関係だったのだが、宇高連絡船廃止による高松駅周辺の再整備により、高松駅が西へ300m移動したため、その距離は微妙なものとなった。それを解消すべく、高松琴平電気鉄道を高架化して高松駅南側に乗り入れさせるという計画もあり、2000年には事業認可された。しかし、その後、高松琴平電気鉄道は瓦町駅に建設した駅ビル事業が失敗し、経営悪化から民事再生法の適用をうけるまでになってしまった。その上、香川県の財政が悪化し、結局高松琴平電気鉄道の高松駅乗り入れ事業は実行されず、その後も計画だけが残っている状態だったが、これも2024年1月、正式に事業廃止が決定された。

また、宇高連絡船時代の高松築港駅は高松琴平電気鉄道が所有する駅ビル内にあったのだが、高松駅乗り入れなどの周辺整備計画により、その駅ビルは解体され、高松築港駅は当面仮駅舎で営業することとなった。その仮駅舎とは実は現在の高松築港駅である。長年営業しているため、すっかり定着しているが、高松築港駅の駅舎は「仮」のものなのである。

このように高松駅と高松築港駅のコントラストは大きく、高松駅周辺地域が発展する中で市内中心部の高松琴平電気鉄道は蚊帳の外という状態だ。

●高松市における「ことでん」の新たな役割

高松市が推進する公共事業計画では、鉄道を基軸としてバス路線の再編が行われている。すでに高松琴平電気鉄道の伏石駅がバスとの結節点として整備されており、さらなる新駅設置の計画も推進中と、市民の足として、その重要性は高まりつつある。

そして、高松駅周辺がこのまま順調に発展すれば、市内中心部からサンポート高松での滞留人口増加が見込まれる。町の拡大を防ぎ、市内中心部のさらなる発展を目指すためにも、利便性の高い交通アクセスの確立は極めて重要だ。

高松琴平電気鉄道はサンポート高松の整備に直接的に関わりがあるわけではないが、JR四国に比べ、高松市内に広大な路線網を持ち、駅の数も圧倒的に多い。市内中心部の賑わいを維持するためにも、高松琴平電気鉄道に期待される役割は決して小さなものではない。

「新しい成田空港」構想検討会「『新しい成田空港』構想中間とりまとめ」
横浜市「新横浜駅南部地区の新たなまちづくりの考え方（案）」
横浜市「新横浜都心整備基本構想1999」
東日本旅客鉄道「各駅の乗車人員」
相模原市「橋本駅周辺整備推進事業における 都市計画の決定及び変更」
甲府市「リニア山梨県駅前エリアのまちづくり基本方針」
伊那市「都市計画マスタープラン」
岐阜県「リニア中央新幹線活用戦略研究会 基盤整備部会」

〈第3章　関西・北陸・中国〉
敦賀市「都市再生整備計画（敦賀市位中心拠点地区）」
国土交通省「城端線・氷見線の鉄道事業再構築実施計画の認定について」
新潟県　「令和4年度～令和5年度 高速鉄道ネットワークのあり方に係る調査結果について」
金沢市「北陸鉄道線のあり方に関する沿線自治体首長会議　北陸鉄道石川線、浅野川線のあり方について」（令和5年8月）
西日本旅客鉄道「2022年度区間別平均通過人員（輸送密度）について」
岡山市「岡山駅前広場への路面電車乗り入れ整備事業について」
岡山市「桃太郎線LRT化検討」

〈第4章　九州・四国〉
佐賀県「佐賀空港がめざす将来像2024」
東九州新幹線鉄道建設促進期成会「東九州新幹線調査報告書」
大分県東九州新幹線整備推進期成会「東九州新幹線調査報告書」
北九州市「北九州空港大作戦」
JR九州「日田彦山線復旧会議」
四国新幹線整備促進期成会「四国の新幹線実現を目指して」
高松市「都市再生整備計画（サンポート高松地区）」

【参考文献】

〈第1章　北海道・東北〉

函館市「新幹線等の函館駅乗り入れに関する調査業務 調査報告書」

JR北海道「JR北海道の「経営自立」をめざした取り組み」

国土交通省「整備新幹線の取り扱いについて」(平成27年1月15日政府・与党申合せ)

JR北海道「アクションプラン総括的検証結果」

国土交通省「JR北海道・JR四国・JR貨物に対する支援」(令和6年度〜)

JR北海道「北海道ボールパーク（仮称）開業に伴う新駅案の検討状況と北広島駅の改修計画について」(2019年12月11日公表)

JR北海道「北海道ボールパークFビレッジ隣接地に設置する千歳線新駅計画について」(2023年9月13日公表)

JR東日本「ご利用の少ない線区の経営情報を開示します」(2022年7月28日公表)

山形県「『羽越・奥羽新幹線関係6県合同プロジェクトチーム』の調査結果について」

〈第2章　関東・東海〉

東京都「『未来の東京』戦略」

宇都宮市「ライトライン開業後の状況について」

宇都宮市「LRT整備効果の検討状況について」

下野新聞「LRT西側延伸、5キロ12停留場を想定　東武宇都宮駅前や県庁前　宇都宮市が配置案公表」(2024年2月2日)

川口市「川口駅周辺まちづくりビジョン」

「東京都統計年鑑」平成31年／令和元年

JR東日本「【浜松町駅西口開発計画・芝浦プロジェクト】歩行者ネットワークの構築・交通結節点の機能強化を目的とした 浜松町駅エリアの整備計画について」

練馬区「都営大江戸線延伸（光が丘〜大泉学園町）」

東京都「『未来の東京』戦略version up2024」

鉄道路線に翻弄される地域社会
「あの計画」はどうなったのか？

著者 鐵坊主

2024年12月25日　初版発行

鐵坊主（てつぼうず）
1968年生まれ。鉄道解説系YouTuber。鉄道アナリスト。2020年11月にYouTubeチャンネルを開設。鉄道を中心とする日本の地域交通のあり方について鋭い視点で分析・解説し、人気を集めている。

発行者　髙橋明男
発行所　株式会社ワニブックス
〒150-8482
東京都渋谷区恵比寿4-4-9えびす大黒ビル
ワニブックスHP　http://www.wani.co.jp/
（お問い合わせはメールで受け付けております。
HPより「お問い合わせ」へお進みください）
※内容によりましてはお答えできない場合がございます

装丁　小口翔平＋神田つぐみ（tobufune）
フォーマット　橋田浩志
校正　東京出版サービスセンター
編集　大井隆義（ワニブックス）

印刷所　TOPPANクロレ株式会社
DTP　株式会社 三協美術
製本所　ナショナル製本

ISBN 978-4-8470-6711-2
WANI BOOKOUT　http://www.wanibookout.com/
WANI BOOKS NewsCrunch　https://wanibooks-newscrunch.com/